LEKTÜRE
LATEIN

Die Frau im antiken Rom

Texte mit Anmerkungen
und Zusatzmaterial

bearbeitet von Ina Rogge

STARK

Umschlagbild
Fresko, Pompeji 55 –79 n. Chr. © Museo Archeologico Nazionale, Neapel, Inv. 9018

ISBN 978-3-89449-525-1

www.stark-verlag.de
1. Auflage 2003

Die Frau im antiken Rom

Biografische Daten

Texte

Biografische Daten

1 Autorenbiografien

M. Tullius Cicero (106–43 v. Chr.)

Der in Arpinum geborene römische Politiker und bedeutende Redner Cicero stammte aus einem Geschlecht des ländlichen Ritterstandes. Seine höhere Erziehung erhielt er in Rom, in den Jahren 79–77 unternahm er eine Bildungsreise nach Griechenland und Kleinasien. 63 erreichte er als *homo novus*[1] mit dem Konsulat den Höhepunkt seiner Ämterlaufbahn. Zunächst als *pater patriae* nach der Niederschlagung der Catilinarischen Verschwörung gefeiert, musste er 58 durch eine Intrige des Clodius für ein Jahr ins Exil nach Thessalonike und Dyrrhachion. Seine Besitztümer wurden zerstört, sein Vermögen eingezogen. Ein Jahr später kehrte er im Triumphzug nach Rom zurück, doch gewann er nie mehr seinen früheren Einfluss und zog sich immer mehr ins Privatleben zurück. Im Streit zwischen Pompeius und Caesar schloss sich Cicero als Verfechter der *res publica* Pompeius an; nach Caesars Tod setzte er alle Hoffnungen auf Octavian und wandte sich mit seinen philippischen Reden gegen Antonius.

1 Als *homo novus* wurde in Rom derjenige bezeichnet, der als erster seiner Familie höhere Ämter erlangte bzw. Konsul wurde, und so in die Nobilität aufstieg. Bis zu Cicero schafften dies nur 15 Männer, u. a. M. Porcius Cato und C. Marius.

Doch kam es schließlich zu einem Bündnis zwischen Octavian und Antonius. Am 7. Dezember 43 wurde Cicero, der die Möglichkeit hatte zu fliehen, sich jedoch im letzten Moment entschied, in Rom zu bleiben, von Häschern des Antonius getötet. Seinen Kopf und seine Hände stellte man zur Abschreckung möglicher Gegner des gegenwärtigen Regimes auf der *rostra* auf dem Forum aus.

Ciceros Jugendgedichte zeigen seine poetischen Fähigkeiten. Später verfasste er nur noch rhetorische und philosophische Werke. Sein Jugendwerk *De inventione,* ein Lehrbuch über den ersten Teil der Rhetorik, wurde bis ins Mittelalter benutzt. Neben vielen seiner Reden (z. B. *Pro Milone, Philippicae*) sind uns von ihm auch rhetorische Schriften (z. B. *De oratore, Brutus*), philosophische Werke (z. B. *De re publica, De legibus, De officiis, Hortensius*) und Briefe (z. B. *Ad familiares, Ad Quintum, Ad Atticum*) erhalten.

Gaius (ca. 110–180 n. Chr.)

Um 160 n. Chr. stellte Gaius das klassische Lehrbuch des römischen Privatrechts und Zivilprozessrechts mit dem Titel *Commentarii* zusammen. Wahrscheinlich diente es zunächst wegen seines elementaren Charakters dem Unterricht von Anfängern. Später wurde dieses Werk meistens unter dem Titel *Institutiones* zitiert. Über sein Leben ist kaum etwas bekannt.

T. Livius (59 v. Chr.–17 n. Chr.)

Livius wurde 59 v. Chr. als Angehöriger des Ritterstandes in Patavium, dem heutigen Padua, geboren. Heute gilt er als einer der bedeutendsten römischen Historiker. Über sein Leben ist wenig bekannt. Mehr als vierzig Jahre schrieb er an einer Geschichte Roms von den Anfängen bis zum Tod des Drusus (9 v. Chr.). Dieses Werk mit dem Titel *Ab urbe condita* bestand aus 142 Büchern, von denen uns 35 erhalten sind. Über den Inhalt der restlichen Bücher weiß man nur aufgrund kurzer Inhaltsangaben in anderen Werken Bescheid. Grundlage seines Werkes waren hauptsächlich literarische Darstellungen. Wenn sie sich widersprachen, nahm Livius beide Varianten auf.

M. Valerius Martialis (ca. 40–103 n. Chr.)

Der in Bilbilis in Spanien geborene bedeutende, aber mittellose Epigrammatiker Martial (er hat mehr als 1500 Epigramme in Büchern herausgegeben!) kam ca. 64 n. Chr. nach Rom und lebte dort vom Geld verschiedener Gönner, z. B. Seneca und Lucan. Kontakt hatte er zu Juvenal, Quintilian und dem jüngeren Plinius. Seine letzten Tage verbrachte er als Anhänger Domitians, nachdem Nerva und Trajan die Macht übernommen hatten, auf einem von seinen Freunden geschenkten Landgut in Spanien.

Cornelius Nepos (ca. 100–24 v. Chr.)

Nepos stammte aus Oberitalien und war mit Catull, Varro und Cicero befreundet. Als Werke verfasste er erotische Gedichte, die nicht erhaltenen Biografien des älteren Cato und Ciceros, ein Verzeichnis römischer und griechischer Ereignisse in dem Werk *Chronica* und seine kurzen Biografien von Römern und Griechen *De viris illustribus,* von dem uns nur das Buch *De excellentibus ducibus exterarum gentium* und die Biografien des Cato und des Atticus aus dem Buch *De historicis Latinis* überliefert sind.

P. Ovidius Naso (ca. 43 v. Chr.–17 n. Chr.)

Als Sohn einer wohlhabenden Familie wurde er in Sulmo, dem heutigen Sulmona, im Ritterstand geboren und sollte die öffentliche Laufbahn antreten. Deshalb besuchte er die Rhetorenschule in Rom und unternahm Bildungsreisen nach Athen, Kleinasien und Sizilien. Mit 18 Jahren wurde er in den Kreis um Messala aufgenommen und entschied sich gegen eine Ämterlaufbahn. Außer seiner Liebespoesie (*Amores, Heroides, Ars amatoria* und *De medicamine faciei feminae*) verfasste er die Tragödie *Medea* (nicht erhalten), einen Festkalender *Fasti* und sein bekanntes Epos *Metamorphoses.* 8 n. Chr. wurde er wegen *„carmen et error“* (trist. 2,207) von Kaiser Augustus nach Tomis am Schwarzen Meer verbannt, wo er auch starb. Mit *carmen* ist sein Lehrgedicht *Ars amatoria* gemeint. Die Bezeichnung *error* verweist wahrscheinlich auf seine

Mitwisserschaft beim Ehebruch der Enkelin des Augustus, Julia, mit Iunius Silanus.

Während seiner Verbannung verfasste er fünf Bücher *Tristia*, vier Bücher *Epistulae ex Ponto*, das Schmähgedicht *Ibis* gegen einen Feind in Rom und die *Remedia amoris* als Reaktion auf die Folgen der *Ars amatoria*.

C. Plinius Caecilius Secundus (ca. 61–114 n. Chr.)

In Comum geboren verlor er früh seinen Vater und wurde von Plinius dem Älteren, seinem Onkel, dem bekannten Autor der *Naturalis historia*, in Rom adoptiert. Er studierte unter Quintilian und brachte es in der öffentlichen Laufbahn bis zum Statthalter von Bithynien. Unter anderem arbeitete er in Prozessen mit dem ihm befreundeten Tacitus zusammen. Später edierte Plinius neun Bücher Briefe, die wohl von Anfang an zur Veröffentlichung bestimmt waren, wie man an ihrer stilistischen Form und der Beschränkung jedes Briefes auf ein Thema erkennen kann. Diesen fügte wahrscheinlich nach dem Tod des Plinius Sueton das zehnte Buch an, das die bekannten Christenbriefe an Trajan enthält. „Inhaltlich geben die Briefe ein meisterhaftes Gesellschaftsbild der trajanischen Zeit“[2].

2 Ludwig Bieler: Geschichte der römischen Literatur. Teil II: Die Literatur der Kaiserzeit, de Gruyter: Berlin ^{4}1980, S. 95.

M. Fabius Quintilianus (ca. 35–95 n. Chr.)

Dieser angesehene erste staatlich bezahlte Lehrer der römischen Rhetorik stammte aus Calagurris in Spanien und wurde in Rom erzogen. Zu seinen Schülern gehörten Plinius der Jüngere und wahrscheinlich Tacitus. Er hatte Kontakt zu Martial. Von seinen Werken veröffentlichte er wenige Reden und die theoretische Schrift *De causis corruptae eloquentiae,* in der er den Verfall der Rhetorik beklagt. Erhalten ist uns sein Hauptwerk *Institutio oratoria libri XII,* ein Lehrgang der Rhetorikausbildung, der bei der Erziehung des Kleinkindes beginnt. Dieses Werk gilt heutzutage als wichtige Quelle der antiken Pädagogik.

C. Sallustius Crispus (86–35 v. Chr.)

Als Sohn reicher Eltern wurde er im sabinischen Amiternum geboren. Wie Cicero versuchte er als *homo novus* einen Aufstieg in der Ämterlaufbahn, doch war er ein Gegner Ciceros und Anhänger Caesars. 52 v. Chr. war er Volkstribun und 55 oder 54 kam er als Quästor in den Senat. Später verlor er jedoch aus politischen Gründen seinen Senatssitz. In den letzten Jahren seines Lebens, nach Caesars Tod, schrieb er die beiden Monographien über die Catilinarische Verschwörung *De coniuratione Catilinae* und über den Krieg mit Jugurtha *Bellum Iugurthinum* sowie seine *Historiae.* Reden, Briefe und Exkurse dienen in seinen Werken der historischen

Interpretation.[3] Auffällig am Kunststil seiner Werke ist die Kürze, Gedrängtheit und altertümliche Färbung.

L. Annaeus Seneca (ca. 4 v. Chr. – 65 n. Chr.)

Als Sohn des berühmten gleichnamigen Rhetors wurde er in Corduba geboren, wuchs in einer wohlhabenden Familie im Ritterstand auf und entwickelte sich zu einem der bedeutendsten antiken Philosophen. Besonders war er der Richtung der Stoa zugetan. Früh kam er nach Rom und erhielt dort eine Ausbildung in Rhetorik und Philosophie. Zudem hielt er sich längere Zeit in Ägypten auf. Nach seiner Rückkehr kam er in den Senat und wurde 41 von Claudius wegen eines vermeintlichen Ehebruchs mit einer Schwester Caligulas nach Corsica verbannt. 49 holte Agrippina ihn als Erzieher Neros wieder nach Rom. Im Jahre 65 wurde er wegen seiner vermeintlichen Teilnahme an der Pisonischen Verschwörung von Nero zum Selbstmord gezwungen. Als Werke von ihm sind uns bekannt: die *Dialogorum libri XII,* die die Trostschriften an seine Mutter Helvia und an Marcia enthalten, 7 Bücher *De beneficiis, De clementia,* 7 Bücher *Naturales quaestiones,* die *Epistulae morales ad Lucilium,* einige Tragödien und die *Apocolocyntosis* („Verkürbissung"), eine Satire auf die Apotheose (Vergöttlichung) des Kaisers Claudius.

3 Vgl. Ludwig Bieler: Geschichte der römischen Literatur. Teil I: Die Literatur der Republik, de Gruyter: Berlin [4]1980, S. 137.

C. Suetonius Tranquillus (ca. 100–150 n. Chr.)

Über sein Leben ist wenig bekannt. Sueton war mit dem jüngeren Plinius befreundet, stammte aus dem Ritterstand, war unter Hadrian Privatsekretär und unter Trajan Sachwalter, Prinzenerzieher und Bibliothekar. Im Herbst 121 verlor er seine Ämter, da es zu einer Auswechslung der von Trajan übernommenen Beamten kam. Von seinem umfangreichen Werk sind erhalten: Reste der *Viri illustres* und seine Herrscherbiografien *De vita Caesarum libri VIII* von Julius Caesar bis Domitian.

P. Cornelius Tacitus (ca. 55–118 n. Chr.)

Als Sohn eines höheren Beamten stammte er aus einer Familie, die in der Narbonensis oder Gallia Cisalpina lebte. Nach seinem Rhetorikstudium in Rom wurde er zunächst als Redner und Anwalt bekannt. Erst später widmete er sich der Schriftstellerei. 98 veröffentlichte er die Biografie über seinen Schwiegervater *De vita et moribus Iulii Agricolae* und seine *Germania.* Es folgten die Werke *Dialogus de oratoribus, Historiae* und die *Annales.* Als Quellen benutzte er sowohl die älteren Historiker wie Plutarch, aber auch Primärquellen wie Senatsakten, Feldherren- und Statthalterberichte. Seine Werke enthalten psychologische Charakterbetrachtungen und sind teilweise pathetisch geschrieben.

Albius Tibullus (ca. 50–19 v. Chr.)

Von seinem Leben ist wenig bekannt. Er war ein römischer Ritter, besaß Ländereien, war mit Horaz befreundet und Mitglied des literarischen Kreises um Messala, an dessen Feldzug in Aquitanien er in den Jahren 30 bis 29 teilnahm. Überliefert sind uns von ihm drei Bücher Elegien, wobei das dritte Buch wohl nur teilweise von ihm stammt. In diesem finden sich auch kurze Gedichte der Römerin Sulpicia, einer Nichte Messallas.

Valerius Maximus (1. Jh. n. Chr.)

Er stammte aus kleinen Verhältnissen, fand jedoch in S. Pompeius, der 14 n. Chr. Konsul war, einen Gönner. 27 n. Chr. begleitete er diesen nach Griechenland und Kleinasien und begann seine Sammlung *Factorum et dictorum memorabilium libri novem,* die er Tiberius widmete und nach dem Fall des Seianus[4] veröffentlichte. Sie diente rhetorischen Zwecken und war inhaltlich in Sachgruppen sowie in *Romana* und *extera* gegliedert. Als Quellen benutzte er u. a. Nepos, Cicero und Livius, schmückte diese jedoch aus.

4 L. Aelius Seianus (geb. 20–16 v. Chr.) war einer der einflussreichsten Ratgeber des Tiberius. Als er jedoch 31 n. Chr. eine Verschwörung gegen Tiberius anzettelte, um an die alleinige Macht zu kommen, wurde er verhaftet und mit seinen Kindern hingerichtet.

2 Die Lebenszeiten der Autoren im Verhältnis zueinander

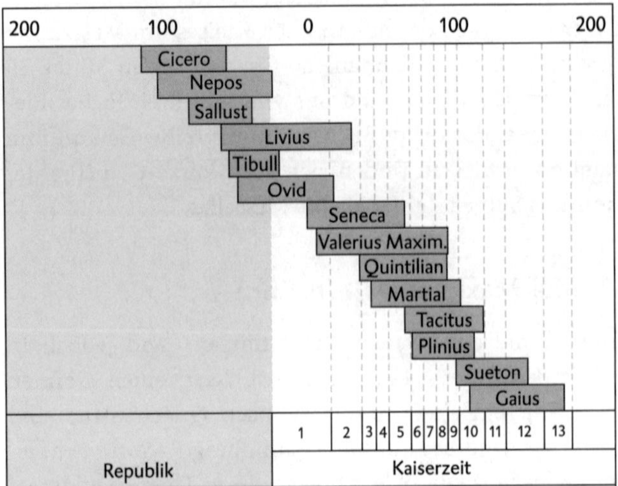

1	27 v. Chr. – 14 n. Chr.	Augustus
2	14 n. Chr. – 37 n. Chr.	Tiberius
3	37 n. Chr. – 41 n. Chr.	Caligula
4	41 n. Chr. – 54 n. Chr.	Claudius
5	54 n. Chr. – 68 n. Chr.	Nero
6	69 n. Chr. – 79 n. Chr.	Vespasian
7	79 n. Chr. – 81 n. Chr.	Titus
8	81 n. Chr. – 96 n. Chr.	Domitian
9	96 n. Chr. – 98 n. Chr.	Nerva
10	98 n. Chr. – 117 n. Chr.	Trajan
11	117 n. Chr. – 138 n. Chr.	Hadrian
12	138 n. Chr. – 161 n. Chr.	Antonius Pius
13	161 n. Chr. – 180 n. Chr.	Mark Aurel

3 Die Lebenszeiten der in den Texten erwähnten Frauen

Da von wenigen Frauen die genauen Lebensdaten überliefert sind, gibt dieses Schema nur einen groben Überblick über die Lebenszeiten.

Königszeit (735–509 v. Chr.)	Republik (509–27 v. Chr.)	Beginn der Kaiserzeit (27 v. Chr. bis 100 n. Chr.)
Lucretia	Afrania Aurelia Cornelia Hortensia Laelia Mucia Sempronia	Agrippina maior Arria Calpurnia Fannia Helvia Julia Livia Octavia Paulina Sulpicia Sulpicia Lepidina Vipsania Julia

Texte

1 Denkanstoß

M 1 Martial: Epigramm I 57

Qualem, Flacce, velim quaeris nolimve puellam.
Nolo nimis facilem difficilemque nimis.
Illud, quod medium est atque inter utrumque, probamus.
Nec volo quod cruciat nec volo quod satiat.

Übersetzung

Du fragst mich, Flaccus, was für ein Mädchen ich als Geliebte möchte oder welches nicht. Ich möchte kein allzu leichtfertiges und auch keines, das allzu schwer zu erobern ist. Jenes, das in der Mitte liegt, zwischen den beiden, das erkenne ich an. Nicht möchte ich etwas, was mich quält, und nicht möchte ich etwas, was mich befriedigt.

Arbeitsaufträge

1. Beschreiben Sie mit eigenen Worten, welche Vorstellung Martial von der idealen Geliebten hat, und entwerfen Sie mithilfe des Epigramms ein Tafelbild, welches diese Vorstellung wiedergibt!
2. Schreiben Sie auf, welches Bild Sie von einem Idealmann bzw. einer Idealfrau haben und finden Sie zu einzelnen Eigenschaften Beispiele!
3. Diskutieren Sie Ihre Vorstellungen!

2 Die rechtliche Stellung der Frau

2.1 Rechte der römischen Frau im Gegensatz zur griechischen

Text 2.1 Nepos: De excellentibus ducibus exterarum gentium, Praef. 6 f.

Im Vorwort zu seinem Werk „De viris illustribus" vergleicht Nepos römische und griechische Sitten und geht dabei unter anderem auf die unterschiedliche Stellung der Frau ein:

(6) contra ea pleraque nostris moribus sunt decora,
quae apud Graecos turpia putantur.
quem enim Romanorum pudet uxorem ducere in convivium?
aut cuius non mater familias primum locum tenet aedium
atque in celebritate versatur?
(7) quod multo fit aliter in Graecia.
nam neque in convivium adhibetur nisi propinquorum
neque sedet nisi in interiore parte aedium;
quae gynaeconitis appellatur,
quo nemo accedit nisi propinqua cognatione coniunctus.

decorus, -a, -um	schicklich, anständig
me pudet	ich schäme mich
convivium, -i, *n.*	Gastmahl
mater familias	Hausmutter, Hausherrin
aedes, -ium, *f.*	Haus
celebritas, -atis, *f.*	Öffentlichkeit
versari, versor, versatus sum	sich aufhalten, befinden
aliter	anders
adhibere, -hibeo, -hibui, -hibitus	hinzuziehen, zulassen
interior	innerer, innere
gynaeconitis *(griech.)*	Frauengemach
cognatio, -onis, *f.*	Verwandtschaft

Arbeitsaufträge

1. Arbeiten Sie in einer Tabelle heraus, worin sich nach Nepos die Stellung der Frau in Griechenland von der in Rom unterscheidet!
2. Bewerten Sie die Freiräume! Welchen Bereich betreffen sie, welche anderen Bereiche werden nicht angesprochen?

2.2 Ehegesetze

Text 2.2 Gaius: Institutiones I 109–113

(109) Sed in potestate quidem et masculi et feminae esse solent; in manum autem feminae tantum conveniunt.

(110) Olim itaque tribus modis in manum conveniebant: usu,farreo, coemptione.

(111) Usu in manum conveniebat, quae anno continuo nupta perseverabat; quia velut annua possessione usu capiebatur, in familiam viri transibat filiaeque locum obtinebat.
Itaque lege duodecim tabularum[1] cautum est, ut, si qua nollet eo modo in manum mariti convenire, ea quotannis trinoctio abesset atque eo modo cuiusque anni usum interrumperet.
Sed hoc totum ius partim legibus sublatum est,
partim ipsa desuetudine oblitteratum est.

(112) Farreo in manum conveniunt per quoddam genus sacrificii, quod Iovi Farreo fit; in quo farreus panis adhibetur, unde etiam confarreatio[2] dicitur; complura praeterea huius iuris ordinandi gratia cum certis et sollemnibus verbis praesentibus decem testibus aguntur et fiunt.
Quod ius etiam nostris temporibus in usu est : […]

(113) Coemptione vero in manum conveniunt per mancipationem, id est per quandam imaginariam venditionem.

in manum convenire	(durch Heirat) in die Gewalt des Mannes kommen
usus, -us, *m.*	Gebrauch, Praxis, Gewohnheit(srecht), Umgang
farreum, -i, *n.*	Speltkuchen
coemptio, -onis, *f.*	Kauf *(eine Frau begibt sich vor Zeugen in die juristische Gewalt des Mannes)*
continuo anno	ein ununterbrochenes Jahr … lang
nupta, -ae, *f.*	Braut, Frau
perseverare, -severo, -severavi, -severatus	(ver-)bleiben
usu capere, capio, cepi, captus	durch das Gewohnheitsrecht erwerben (*wörtl.*: durch Gebrauch in Besitz nehmen)
obtinere, obtineo, obtinui, obtentus	einnehmen, innehaben
cautus, -a, -um	sicher, sichergestellt
trinoctium, -ii, *n.*	(*von* tres; nox) eine Zeit von drei Nächten
tollere, tollo, sustuli, sublatus	abschaffen, aufheben
desuetudo, -inis, *f.*	gewohnheitsmäßige Nichtanwendung (eines Gesetzes), Entwöhnung
oblitterare, -littero, -litteravi, -litteratus	außer Kraft setzen, vergessen machen
Iovis Farreus	Jupiter Farreus *(Schutzgott der Ehe)*
confarreatio, -onis, *f.*	Konfarreation, religiöse Eheschließung
huius iuris ordinandi gratia	um diese Rechtshandlung ordnungsgemäß durchzuführen
certus, -a, -um	festgesetzt, bestimmt
sollemnis, -is, -e	feierlich
mancipatio, -onis, *f.*	Eigentumsübertragung
imaginarius, -a, -um	scheinbar

Nam adhibitis non minus quam quinque testibus civibus Romanis puberibus, item libripende[3], emit vir mulierem, cuius in manum convenit.

Arbeitsaufträge

1. Arbeiten Sie aus dem Text die drei Möglichkeiten der Eheschließung *(usu, farreo, coemptione)* heraus!
2. Arbeiten Sie heraus, inwiefern sich die Macht der Männer über die Frauen auch in der römischen Namensgebung widerspiegelt, indem Sie die folgenden Namen von Männern und Frauen einer Familie vergleichen:

C. Claudius Marcellus ∞ Octavia

Claudia Marcella maior | Marcus Claudius Marcellus | Claudia Marcella minor

pubes, -eris	erwachsen
item	ebenso
libripens, -pendis, *m.*	Abwäger, Libripens

Anmerkungen

1 Das Zwölftafelgesetz *(lex duodecim tabularum)* gilt als die älteste bekannte römische Gesetzessammlung, die ca. 451/450 v. Chr. von einer Zehnmännerkommission formuliert wurde und bis in die Kaiserzeit Grundlage des römischen Rechts war.
2 *libripens:* Derjenige, der früher, als es noch keine Münzen gab, bei Eigentumsübertragungen die Waage hielt, um das Geld für die verkaufte Sache zu wiegen. Bei der *coemptio* nahm er aus symbolischen Gründen teil.
3 *confarreatio:* die durch den sakralen Akt der Opferung eines Speltkuchens vollzogene Eheschließung.

3 Erziehung

3.1 Augustus' Verständnis von Erziehung

Text 3.1 Sueton: De vita Caesarum libri octo, II 64,2 f.

(2) Filiam et neptes[1] ita instituit, ut etiam lanificio assuefaceret vetaretque loqui aut agere quicquam nisi propalam et quod in diurnos commentarios referretur; extraneorum quidem coetu adeo prohibuit, ut L. Vinicio, claro decoroque iuveni, scripserit quondam parum modeste fecisse eum, quod filiam suam Baias[2] salutatum venisset.

(3) Nepotes[3] et litteras et natare[4] aliaque rudimenta per se plerumque docuit, ac nihil aeque elaboravit, quam ut imitarentur chirographum suum.

Arbeitsaufträge

1. Erschließen Sie den Text über die Prädikate und die zugehörigen Objekte: Welche Verhaltensweisen erwartete Augustus von seinen weiblichen bzw. männlichen Nachkommen?
2. Vergleichen Sie die Vorstellung des Augustus von Mädchen- bzw. Jungenerziehung mit den Rollenbildern der letzten Jahrhunderte und diskutieren Sie diese!

instituere, -stituo, -stitui, stitutus	erziehen, unterrichten
lanificium, -i, *n.*	Wollarbeit
assuefacere, -facio, -feci, -factus	gewöhnen
quicquam	irgendetwas
propalam *(Adv.)*	öffentlich
diurni commentarii	Tagebücher *(die im Haus des Kaisers gefunden wurden)*
referre, refero, retuli, relatus	registrieren, eintragen, berichten
extraneus, -a, -um	fremd
parum *(Adv.)*	zu wenig
modestus, -a, -um	anständig, zurückhaltend
facere, facio, feci, factus	*hier:* benehmen
salutatum venire	jmd. einen Besuch machen
rudimentum, -i, *n.*	Grundlage
chirographum *(griech.)*	Handschrift

Anmerkungen

1 Gemeint sind Augustus' einzige Tochter Julia und seine Enkelinnen Vipsania Iulia und Agrippina maior.
2 *Baiae:* alter Hafen von Cumae und berühmter Badeort am Golf von Neapel.
3 Gemeint sind C. Caesar, L. Caesar und Agrippa Postumus.
4 Eine andere Lesart liest an dieser Stelle *notare* statt *natare.*

3.2 Das Wissen der Frauen

Text 3.2 Seneca: Ad Helviam matrem de consolatione XVII, 3 f.

In der Zeit seiner Verbannung auf Korsika verfasste Seneca einen Trostbrief an seine Mutter, in dem er ihr vorschlägt, sich mit geistiger Tätigkeit von ihrer Trauer abzulenken:

(3) [...] Sed, quantum tibi patris mei antiquus rigor permisit,
omnes bonas artes non quidem comprehendisti,
attigisti tamen.
(4) Utinam quidem virorum optimus, pater meus,
minus maiorum consuetudini deditus voluisset
te praeceptis sapientiae erudiri potius quam imbui!

Arbeitsaufträge

1. Stellen Sie in einem Schema dar, wie der Bildungsweg einer Frau im antiken Rom aussah und wer diese Bildung beeinflusste! Nehmen Sie hierbei auch den Zusatztext M 7 zu Hilfe!
2. Diskutieren Sie, welche Gefahren diese freiwillige Vermittlung von Wissen beinhaltet!

rigor, -oris, *m.*	Strenge
antiquus, -a, -um	konservativ
permittere, -mitto, -misi, -missus	gestatten, erlauben
quidem	zwar
comprehendere, -prehendo, -prehendi, -prehensus	begreifen
attingere, -tingo, -tigi, -tactus	berühren, sich mit etw. beschäftigen
imbuere, -buo, -bui, -butus	benetzen, einführen

M 7 Sarah B. Pomeroy: Ausbildung und Teilnahme am kulturellen Leben

Die Frauen der Oberklasse waren gebildet genug, um am intellektuellen Leben der Männer teilzunehmen. Über die Ausbildung der Mädchen wissen wir nur wenig. Die Geschichte der Verginia[1] lässt darauf schließen, dass es für die Tochter eines plebejischen Centurions nicht unüblich war, eine Elementarschule auf dem Forum zu besuchen. Töchter und Söhne gutsituierter Familien hatten Privatlehrer. Plinius der Jüngere, der gegen Ende des ersten und zu Beginn des zweiten Jahrhunderts n. Chr. als Schriftsteller und Politiker hervorgetreten ist, schrieb über ein Mädchen, das mit dreizehn Jahren, kurz bevor sie verheiratet werden sollte, gestorben war: „Wie schätzte sie ihre Ammen, ihre Begleiter, ihre Lehrer, jeden nach seiner Stellung! Wie eifrig, wie verständig las sie!"

Doch im Gegensatz zu den Jungen gingen die Mädchen nicht zum Unterricht der Philosophen und der Redelehrer; denn sie waren in dem Alter, in dem die Jungen ihre Bildung noch vertieften, meist schon verheiratet. Manche Frauen profitierten auch vom intellektuellen Klima in ihrem Elternhaus. Die antiken Autoren hielten die gute Ausbildung einer Tochter dem Vater zugute, während sie die gelungene Erziehung eines Sohnes der Mutter anrechneten. So soll Cornelias Interesse an der Literatur von ihrem Vater Scipio Africanus, der für seine philhellenistischen[2] Anschauungen bekannt war, geweckt worden sein (ihre Mutter dagegen war [...] wegen ihrer Prunksucht berühmt). Die Eloquenz der Laelia und der Hortensia[3] wurde auf ihre Väter zurückgeführt, die herausragende Redner waren.

Intellektuelle und künstlerische Fähigkeiten waren dem guten Ruf einer Frau keineswegs abträglich, sondern trugen zu ihrer Wertschätzung bei. In einem nicht erhaltenen Werk hat Plutarch die Bildung der Frauen erörtert und dabei viele Frauen lobend erwähnt; so beschrieb er beispielsweise Cornelia, die letzte Gattin des Pompeius, als besonders anziehend, weil sie belesen war, die Lyra spielte und auch in Geometrie und Philosophie bewandert war.

Plinius der Jüngere war stolz darauf, dass seine gar nicht besonders dazu ausgebildete junge Frau seine Schriften auswendig lernte, seine Verse vertonte und sie zur Lyra sang. Quintilian vertrat die Ansicht, eine möglichst gründliche Ausbildung beider Elternteile diene dem Wohl des Kindes. Der Stoiker Musonius Rufus trat dafür ein, den Frauen dieselbe Ausbildung wie den Männern zukommen zu lassen, weil die Eigenschaften einer guten Ehefrau und Mutter erst bei einer Frau, die sich dem Studium der Philosophie widme, ganz zur Entfaltung kämen.

Sarah B. Pomeroy: Frauenleben im klassischen Altertum, übers. von Norbert F. Matheis, Kröners Taschenausgabe Band 461, 1985, Seite 260 ff.,

1 Verginia: Ein um 449 v. Chr. lebendes Mädchen, das bei Livius erwähnt wird.
2 philhellenistisch (griech.): den Griechen gegenüber positiv eingestellt.
3 Laelia: vgl. S. 27, Anm. 2; Hortensia: vgl. S. 29, Anm. 2.

3.3 Die Bedeutung der Mütter für die Erziehung

Text 3.3.1 Cicero: Brutus 58, 210f.

(210) [...]; sed magni interest, quos quisque audiat cottidie domi, quibuscum loquatur a puero, quem ad modum patres, paedagogi, matres etiam loquantur.

(211) legimus epistulas Corneliae matris Gracchorum[1]: apparet filios non tam in gremio educatos quam in sermone matris. auditus est nobis Laeliae C. F.[2] saepe sermo: ergo illam patris elegantia tinctam vidimus et filias eius Mucias[3] ambas, quarum sermo mihi fuit notus, et neptes Licinias[4], quas nos quidem ambas, hanc vero Scipionis etiam tu, Brute, credo, aliquando audisti loquentem.

magni (gen. pretii) interest	es ist von großer Wichtigkeit
quem ad modum	wie
gremium, -i, *n.*	Schoß, *im übertragenen Sinn:* Zuneigung
sermo, -onis, *m.*	Ausdrucksweise
tinctus, -a, -um esse	gefärbt, ausgestattet sein mit
hanc Scipionis	die Frau des Scipio
audisti	= audivisti

Anmerkungen

1 *Cornelia* (2. Jhd. v. Chr.): jüngere Tochter des Scipio Africanus maior und Mutter der beiden Gracchen Tiberius und Gaius Sempronius Gracchus, die 133 und 132 v. Chr. Volkstribunen waren, sowie der Sempronia, der späteren Gattin des Scipio Aemilianus.

2 *Laelia Gaii filia:* Tochter des C. Laelius (ca. 190–122 v. Chr.), eines bedeutenden Redners und Freundes des jüngeren Scipio, der den Beinamen *sapiens* hatte und wahrscheinlich die *laudatio funebris* auf Scipio hielt. Seiner Vorbildlichkeit in Bezug auf Freundschaften setzte Cicero mit seinem Werk *Laelius de amicitia* ein Denkmal. Laelius spielt u. a. in Ciceros *Cato* als Gesprächspartner eine Rolle.

3 Die beiden Töchter der Laelia hießen Mucia. Eine von ihnen heiratete den Redner L. Crassus.

4 Die beiden Enkelinnen der Laelia hießen Licinia. Eine heiratete den P. Cornelius Scipio Nasica, die andere den jüngeren C. Marius.

Text 3.3.2 Quintilian: Institutio oratoria libri duodecim, I,6

(6) In parentibus vero quam plurimum esse eruditionis optaverim, nec de patribus tantum loquor. Nam Gracchorum eloquentiae multum contulisse accepimus Corneliam matrem, cuius doctissimus sermo in posteros quoque est epistolis traditus: et Laelia[1] C. filia reddidisse in loquendo paternam elegantiam dicitur, et Hortensiae[2] Q. filiae oratio apud Triumviros[3] habita legitur non tantum in sexus honorem.

Arbeitsaufträge

1. Arbeiten Sie aus den Texten von Cicero und Quintilian heraus, welche Bedeutung den Frauen bei der Erziehung ihrer Kinder zukommt!
2. Vergleichen Sie die Texte von Quintilian, Cicero und Juvenal (M 9) im Hinblick auf ihre Einstellung zu einer Bildung der Frauen!

quam plurimum	möglichst viel
accipere, -cipio, -cepi, -ceptus	vernehmen, hören
conferre + *Dat.*	beitragen zu
sermo, -onis, *m.*	Ausdrucksweise
in posteros	für die Nachwelt / der Nachwelt
epistolis	= epistulis
reddere, reddo, reddidi, redditus	wiedergeben
in sexus *(Gen.)* honorem	zu Ehre ihres Geschlechts, ihrem Geschlecht zur Ehre

Anmerkungen

1 Laelia: siehe S. 27, Anm. 2.

2 Hortensia: Tochter des Redners Q. Hortensius Hortalus (114–50 v. Chr.), der 69 v. Chr. Konsul war. Zunächst Konkurrent Ciceros, trat er seit 63 v. Chr. nach einer Aussprache öfter mit ihm gemeinsam auf. Hortensia hielt 42 auf dem Forum eine Rede, durch die sie eine Verkleinerung der Anzahl der Frauen, die durch Abgaben den Krieg gegen die Caesarmörder mitfinanzieren sollten, bewirkte.

3 *Triumviri:* Dreimännerkollegium, das für ein Jahr verschiedene Aufgaben im Staat übernahm: die Münzprägung, die Geldbeschaffung z. B. für Kriege, die Aufsicht über den Ordnungsdienst in der Stadt, über Gefängnisse und den Vollzug von Hinrichtungen usw. (vgl. Vretska, Helmuth: Tresviri. In: Der kleine Pauly. S. 938–939).

M 9 Juvenal: Satiren VI,448–456

Die Frau, die neben dir bei Tisch liegt, soll nicht einen bestimmten Redestil pflegen, nicht ein hübsch gerundetes und in sich geschlossenes Enthymema[1] zum besten geben, noch über die ganze Mythologie und Geschichte Bescheid wissen; nein, manches, was im Buch steht, soll sie nicht begreifen. Zuwider ist mir eine, die die ganze Wissenschaft des „Grammatikers“ Palaemon beherrscht und überlegt, die stets die Gesetze korrekter Ausdrucksweise wahrt, ja so bewandert in der alten Literatur ist, dass sie Verse behält, die ich nicht kenne, und die den Gebrauch von Worten, um die sich Männer nicht kümmern, bei ihrer Freundin als ungebildet tadelt. Falsche Grammatik sei auch dem Gatten zuweilen gestattet.

Juvenal: Satiren, hrsg. von Harry C. Schnur, Reclam Verlag: Stuttgart 1969.

Anmerkungen

1 *Enthymema:* griech. Gedanke, ein Wahrscheinlichkeitsschluss vom Allgemeinen auf das Besondere, bei dem die Prämisse (Voraussetzung) bzw. Konklusion (Schluss) der Gedanken fehlt.

4 Das Schönheitsideal

4.1 Denkanstoß: A. Stifter: Der Nachsommer

M 10 Adalbert Stifter: Der Nachsommer

Heinrich Drendorf, der Erzähler in Stifters „Der Nachsommer" und der Sohn eines Kaufmanns, wird zunächst von Hauslehrern unterrichtet, bildet sich dann jedoch selbst weiter. Während er die Wintertage bei seiner Familie in der Stadt verbringt, wandert er im Sommer für weitere Studien durch das Hochgebirge. Auf einer dieser Wanderungen lernt er Freiherrn von Risach kennen, den er ab diesem Zeitpunkt jedes Jahr besucht und durch dessen Sammlungen und Ansichten er viel lernt. Nach der Rückkehr von einer dieser Reisen betrachtet er mit seinem Vater dessen Bildersammlung und dessen Sammlung geschnittener Steine:

Auch Frauenköpfe waren auf einigen Steinen zu sehen …

Die Angesichter hatten Züge, die etwas Fremdes wiesen, das jetzt nicht mehr vorkömmt und auf eine entlegene Zeit zurückdeutet. Die Züge waren meistens einfach, ja sogar oft unbegreiflich einfach und doch waren sie schön, schöner und menschlich richtiger – so schien es mir wenigstens – als sie jetzt vorkommen. Die Stirnen, die Nasen, die Lippen waren strenger, ungekünstelter, und schienen der Ursprünglichkeit der menschlichen Gestalt näher. Dies war selbst bei den Abbildungen der Greise der Fall, und sogar da, wo man vermuten durfte, das abgebildete Haupt sei das Bildnis eines Menschen, der wirklich gelebt hat. Es konnte diese Gestaltung nicht Eingebung des Künstlers sein, da offenbar die Steine verschiedenen Zeiten und verschiedenen Meistern angehörten; sie musste also Eigentum jener Vergangenheit gewesen sein. Die Köpfe der Frauen waren auch schön, oft überraschend schön; sie hatten aber auch etwas Eigentümliches, das sich von unseren gewohnten Vorstellungen entfernte, sei es in der Art, das Haupthaar aufzustecken und es zu tragen, sei es, wie sich Stirne und Nase zeigten, sei es im Nacken, im Halse, im Beginne der Brust oder der Arme, wenn diese Teile noch auf dem Bilde waren, sei es in dem uns fern liegenden Ganzen. Allgemein aber waren diese Köpfe kräftiger und erinnerten mehr an die Männlichkeit als die unserer heutigen Frauen. Sie erschienen dadurch reizender und ehrfurchterweckender. Die Ausführung dieser Abbildungen zeigte sich so rein, so entwickelt und folgerichtig, dass man nirgends, auch nicht im Kleinsten, versucht wurde, zu denken, dass etwas fehle, ja dass man im Gegenteile die Gebilde wie Naturnotwendigkeiten ansah, und dass einem in der Erinnerung an spätere Werke war, diese seien kindliche Anfänge und Versuche. Die Künstler haben also große und einfache Schönheitsbegriffe gehabt, sie haben sich diese aus der Schönheit ihrer Umgebung genommen, und diese Schönheit der Umgebung durch ihre Schönheitsbegriffe wieder verschönert. So sehr mir die Bilder des Vaters gefielen, so sehr mir die Bilder meines Gastfreundes gefallen hatten, so sehr wurde ich, wie ich durch die Marmorgestalt meines Gastfreundes ernster und höher gestimmt worden war als durch seine Bilder, auch durch die geschnittenen Steine meines Vaters ernster und höher gestimmt als durch seine Bilder.

Antike Kunst der Weltliteratur: der Blick des Dichters, hrsg. und komm. von Detlev Wannagat, Sonderausgabe, Wissenschaftliche Buchgesellschaft: Darmstadt 1997, S. 92 f.

Arbeitsauftrag

Tragen Sie zusammen, was den Erzähler in Stifters „Der Nachsommer“ an der Darstellung der Frauen auf antiken Schmucksteinen fasziniert!

4.2 Körperpflege

Text 4.2 Ovid: Ars amatoria III 193–204

quam paene admonui, ne trux caper iret in alas,
neve forent duris aspera crura pilis!
sed non Caucasea[1] doceo de rupe puellas,
quaeque bibant undas, Myse Caice[2], tuas.
quid, si praecipiam, ne fuscet inertia dentes,
oraque suscepta mane laventur aqua?
scitis et inducta candorem quaerere creta.
sanguine quae vero non rubet, arte rubet.
arte supercilii confinia nuda repletis,
parvaque sinceras velat aluta genas.
nec pudor est oculos tenui signare favilla,
vel prope te nato, lucide Cydne[3], croco.

quam	wie (sehr)
paene admonui	*Irrealis d. Verg.*: beinahe hätte ich ermahnt
trux, -cis	rau, wild
caper, -pri, *m.*	Bock(-sgeruch), Schweißgeruch
ala, -ae, *f.*	Achsel(höhle)
neve	und nicht
crus, cruris, *n.*	Unterschenkel
pilus, -i, *m.*	Haar
praecipere, -cipio, -cepi, -ceptus	lehren, vorschreiben
fuscare, fusco, fuscavi, fuscatus	schwärzen
inertia, -ae, *f.*	Trägheit, Nachlässigkeit
suscipere, -cipio, -cepi, -ceptus	aufnehmen
candor, -oris, *m.*	weißer Teint
inducere, -duco, -duxi, -ductus	herbeiführen, anwenden
creta, -ae, *f.*	Kreide, Schminke
supercilium, -i, *n.*	Augenbraue
confinium, -i, *n.*	Grenze, Ende
sincerus, -a, -um	rein, natürlich, ungeschminkt
velare, velo, velavi, velatus	bedecken, schmücken
aluta, -ae, *f.*	Schönheitspflästerchen
gena, -ae, *f.*	Wange
favilla, -ae, *f.*	Asche *(wurde wie Eyeliner verwendet)*
lucidus, -a, -um	leuchtend, hell
crocus, -i, *m.*	Safran, Safrangelb

Anmerkungen

1 *Caucaseus rupes:* die kaukasische Schlucht.
2 *Mysus Caicus:* der mysische Caicus, ein Fluss in Mysien, einer Landschaft in Kleinasien; die Nennung der Orte Kaukasus und Mysien bedeuten soviel wie das „Ende der Welt".
3 *Cydnus:* Fluss in Kilikien in Kleinasien.

M 11 Ovid: Ars amatoria I 509–522 „Männliche Schönheitspflege“

forma viros neglecta decet; Minoida Theseus[1]
abstulit, a nulla tempora comptus acu;
Hippolytum[2] Phaedra, nec erat bene cultus, amavit;
cura deae silvis aptus Adonis[3] erat.
munditie placeant, fuscentur corpora Campo.
sit bene conveniens et sine labe toga.
lingua ne rigeat; careant rubigine dentes;
nec vagus in laxa pes tibi pelle natet;
nec male deformet rigidos tonsura capillos:
sit coma, sit trita barba resecta manu.
et nihil emineant et sint sine sordibus ungues,
inque cava nullus stet tibi nare pilus.
Nec male odorati sit tristis anhelitus oris,
nec laedat naris virque paterque gregis.

Übersetzung

Den Männern steht eine lässige Schönheit; Theseus entführte Ariadne,
obwohl seine Haare an den Schläfen durch keine Haarnadel geordnet wurden.
Phaedra liebte Hippolytus, und auch er war nicht gut gepflegt;
Die Zuneigung der Göttin (Venus) galt dem zu den Wäldern passenden Adonis.
Durch Sauberkeit sollen sie gefallen, die Körper sollen auf dem Marsfeld gebräunt werden.
Die Toga sei gut passend und ohne Fleck.
Die Lasche am Schuh soll nicht empor starren, die Haken am Schuh sollen frei von Rost sein (auch wörtliche Übersetzung möglich: Die Zunge sei nicht lahm, die Zähne frei von Fäule);
und nicht soll dir der Fuß im ausgetretenen Schuh haltlos hin und herrutschen.
Nicht verunstalte der Haarschnitt die borstigen Haare:
das Kopfhaar und der Bart sollen durch eine geübte Hand gestutzt werden.
Die Fingernägel sollen nicht hervorragen und ohne Schmutz sein,
und in deinen Nasenlöchern soll kein Haar stehen.
Weder soll der Atem aus deinem riechenden Mund widerlich sein,
noch soll der Gestank des Mannes und Vaters einer Herde die Nase verletzen.

Anmerkungen

1 *Theseus:* athenischer Königssohn; *Minoida* (griech. Akk.): Tochter des Minos, des Königs von Kreta, Ariadne; Theseus besiegte den Minotaurus und entführte Ariadne, die sich in ihn verliebt hatte und ihm half, von Kreta zu entkommen.
2 *Hippolytus:* der Sage nach Sohn des Theseus und einer Amazone, ein spröder Jäger, der den Wald und die Einsamkeit liebte. In ihn verliebte sich seine Stiefmutter Phädra.
3 *Adonis:* ein sehr schöner Jüngling, der leidenschaftlich gern jagte und sich in Wäldern aufhielt. In ihn verliebte sich Venus, die Göttin der Schönheit und Liebe.

Arbeitsaufträge

1. Erarbeiten Sie den Aufbau der Ovidtexte (ars am. III 193–204; I 509–522) und formulieren Sie Überschriften zu den einzelnen Abschnitten!
2. Suchen Sie aus den beiden Ovidtexten heraus, welche Ansprüche Ovid an die Körperpflege eines Mannes bzw. einer Frau stellt und tragen Sie Ihre Ergebnisse in einer Tabelle zusammen!
3. Vergleichen Sie die Ratschläge Ovids mit unseren gegenwärtigen Ansprüchen! Wo liegen Parallelen, wo sind Unterschiede?
4. Fertigen Sie zu der vorliegenden Textstelle (ars am. III 193–204) eine metrische Analyse an!

4.3 Frisurenwahl

Text 4.3 Ovid: Ars amatoria III 135–148

nec genus ornatus unum est: quod quamque decebit
elegat, et speculum consulat ante suum.
longa probat facies capitis discrimina puri:
sic erat ornatis Laodamia[1] comis.
exiguum summa nodum sibi fronte relinqui,
ut pateant aures, ora rotunda volunt.
alterius crines umero iactentur utroque:
talis es adsumpta, Phoebe[2] canore, lyra.
altera succinctae religetur more Dianae[3],
ut solet, attonitas cum petit illa feras;
huic decet inflatos laxe iacuisse capillos:
illa sit adstrictis impedienda comis.
hanc placet ornari testudine Cyllenaea[4]:
sustineat similes fluctibus illa sinus.

speculum, -i, *n.*	Spiegel
ante	= antea
facies, -ei, *f.*	Gesicht, Haupt
discrimen, -inis, *n.*	Scheitel
purus, -a, -um	*hier:* schlicht
coma, -ae, *f.*	Haar
exiguus, -a, -um	klein
nodus, -i, *m.*	Knoten
relinquere, -linquo, -liqui, -lictus	lassen
crinis, -is, *m.*	Haar
adsumere, -sumo, -sumpsi, -sumptus	aufnehmen
canorus, -a, -um	wohlklingend
succingere, -cingo, -cinxi, -cinctus	aufschürzen, umgürten
religare, religo, religavi, religatus	binden
attonitus, -a, -um	betäubt, bestürzt
inflatus, -a, -um	aufgeblasen, übertrieben
laxe *(Adv.)*	locker
adstringere, -stringo, -strinxi, -strictus	festschnüren, binden
impedire, -pedio, -pedivi, -peditus	verwickeln, festhalten
testudo, -inis, *f.*	Spange, Schildpatt *(d. h. aus Schildkrötenpanzer)*
sinus, -us, *m.*	Locken

Anmerkungen

1 *Laodamia:* Gattin des Protesilaos, der als erster Achaier vor Troja fiel. Aufgrund Laodamias Liebe durfte er wenige Stunden wieder in die Oberwelt. Danach folgte Laodamia ihm in den Tod.

2 *Phoebus:* Beiname des griechischen Gottes Apoll, u. a. Gott der Musik.

3 *Diana:* Göttin der Jagd.

4 *Cyllene:* nördliches Randgebirge von Arkadien, Geburtsstätte des Merkur.

Arbeitsaufträge

1. Beschreiben Sie mithilfe der Bilder (M 13) die Entwicklung der Frisuren von der Zeit der Republik bis in die Kaiserzeit!

M 13 Frisuren von der Republik bis zur Kaiserzeit

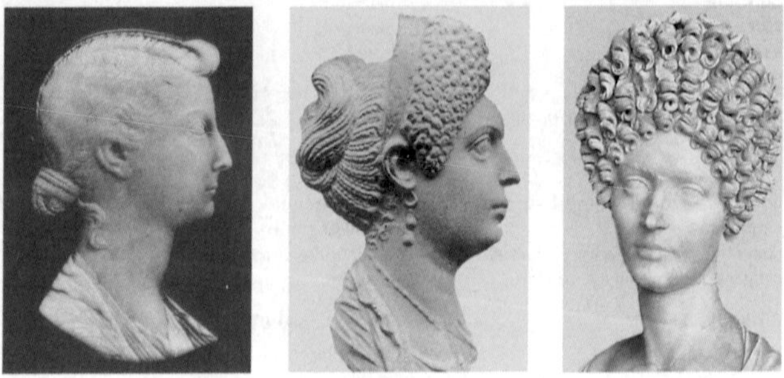

links: Octavia, Schwester des Kaisers Augustus,
Mitte: Julia Titi, Tochter des Titus (beide © German Hafner);
rechts: Frau zur Zeit Kaiser Trajans (© Heinrich Krefeld, Rheine)

2. Arbeiten Sie aus Ovids Text heraus, welche Empfehlungen Ovid den Frauen seiner Zeit gibt! Wie differenziert er sie?
3. Suchen Sie aus aktuellen Frauenzeitschriften heutige Frisurenvorschläge und vergleichen Sie diese in Form von Collagen mit Ovids Ratschlägen!

5 Die Stellung der Frau im privaten Leben

5.1 Die Lucretia-Novelle

M 15 Bilderfolge zur Lucretia-Novelle

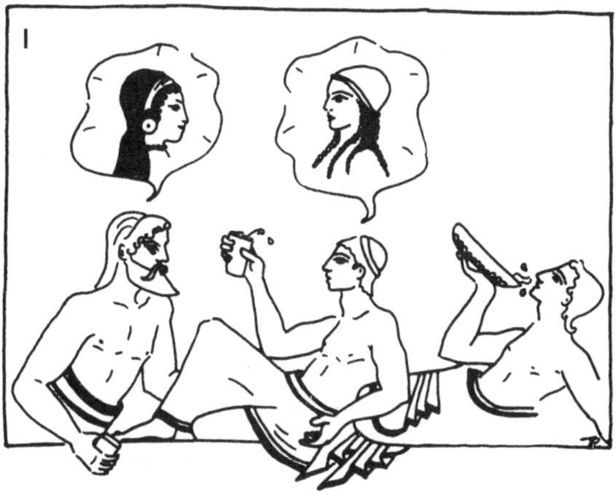

III

IV

V

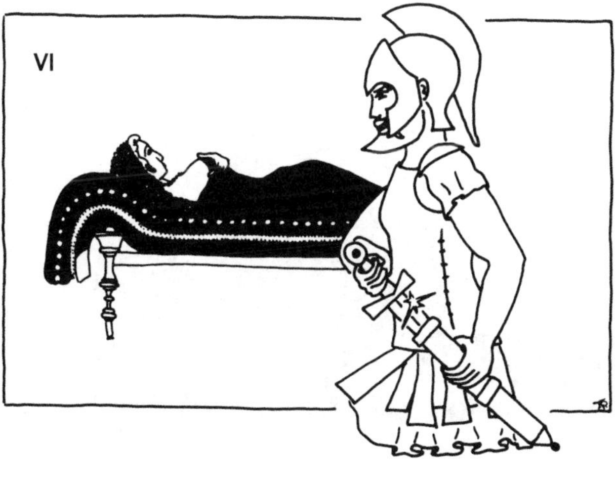
VI

VII

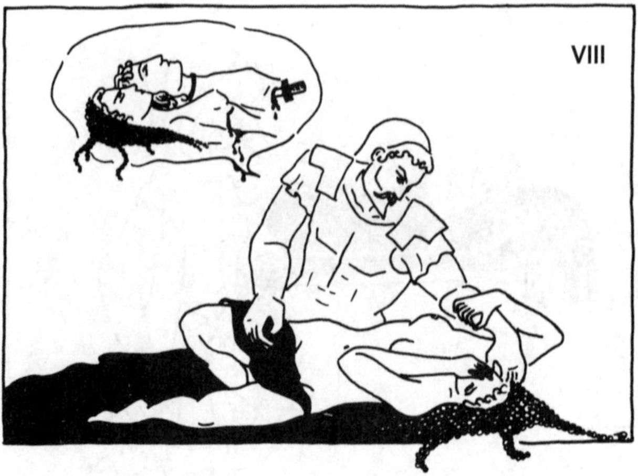
VIII

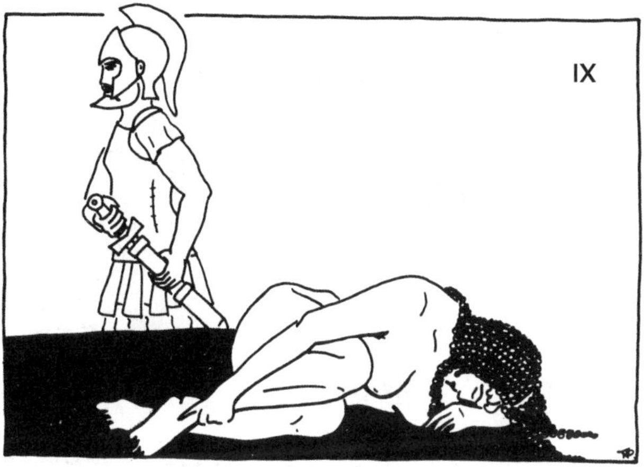
IX

X
TIBERIS
ANIO
ROMA
ARDEA

XI
T.P.

XII
T.P.

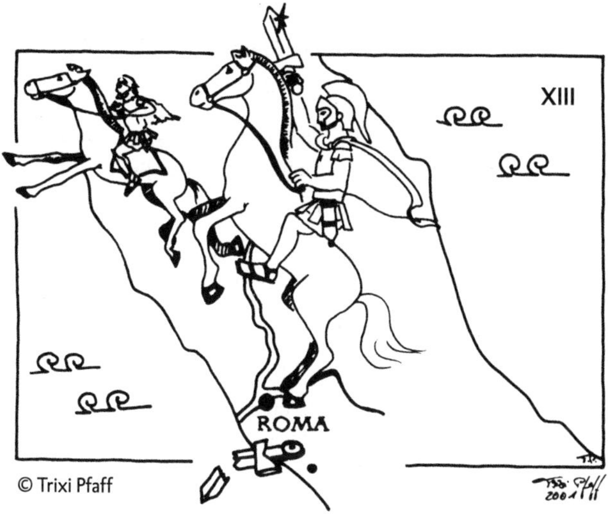
XIII
ROMA

Text 5.1 Livius: Ab urbe condita I,57,6–58,5; 58,9–59,1

Im Jahre 509 v. Chr. führten die Römer Krieg mit den Rutulern. Da Ardea, eine Stadt in Latium zwischen Ostia und Antium, um die sich der Krieg drehte, zunächst nicht erobert werden konnte, belagerten die Römer sie:

57 (6) Forte potantibus his apud Sex. Tarquinium[1], ubi et Collatinus cenabat Tarquinius[2], Egeri[3] filius, incidit de uxoribus mentio. Suam quisque laudare miris modis;

(7) inde certamine accenso Collatinus negat verbis opus esse; paucis id quidem horis posse sciri quantum ceteris praestet Lucretia[4] sua. „Quin, si vigor iuventae inest, conscendimus equos invisimusque praesentes nostrarum ingenia? Id cuique spectatissimum sit quod necopinato viri adventu occurrerit oculis."

(8) Incaluerant vino; „Age sane" omnes; citatis equis avolant Romam. Quo cum primis se intendentibus tenebris pervenissent,

(9) pergunt inde Collatiam, ubi Lucretiam haudquaquam ut regias nurus, quas in convivio lusuque cum aequalibus viderant tempus terentes, sed nocte sera deditam lanae inter lucubrantes ancillas in medio aedium sedentem inveniunt.

(10) Muliebris certaminis laus penes Lucretiam fuit. Adveniens vir Tarquiniique excepti benigne; victor maritus comiter invitat regios iuvenes. Ibi Sex. Tarquinium mala libido Lucretiae per vim stuprandae capit; cum forma tum spectata castitas incitat.

forte	zufällig
mentio incidit de	das Gespräch kommt auf
suam quisque	jeder die seine
laudare	*historischer Infinitiv*
quin	warum nicht
vigor, -oris, *m.*	Kraft, Energie
iuventa, -ae, *f.*	Jugend
inest	*ergänze:* in nobis
conscendere, -scendo, -scendi, -scensus	besteigen
invisere, inviso, invisi	ansehen, besichtigen
praesens, -entis	persönlich, an Ort und Stelle
ingenium, -ii, *n.*	Veranlagung, Charakter
spectatus, -a, -um	bewährt
necopinatus *(Adv.)*	unerwartet
oculis occurere, -curro, -curri, -cursus	vor Augen treten, sich zeigen
incalescere, -calesco, -calui	hitzig werden, entbrennen
Age sane!	Wohl an! Los!
omnes	*ergänze:* clamant
citare, cito, citavi, citatus	antreiben
primis se intendentibus tenebris	beim Einbruch der Dunkelheit
haudquaquam	keineswegs
nurus, -us, *f.*	Schwiegertochter
convivium, -i, *n.*	Gelage
lusus, -us, *m.*	Spiel
tempus terere, tero, trivi, tritus	Zeit verbringen
lana, -ae, *f.*	Wolle, *hier:* Verarbeitung d. Wolle, Spinnen
lucubrare, lucubro, lucubravi, lucubratus	nachts, bei Licht arbeiten
penes	= apud
benigne *(Adv.)*	freundlich, liebenswürdig
comiter *(Adv.)*	freundlich, heiter
per vim stuprare	vergewaltigen
cum … tum	sowohl … als auch besonders
castitas, -atis, *f.*	Sittenreinheit, Keuschheit

(11) Et tum quidem ab nocturno iuvenali ludo in castra redeunt.

58 (1) Paucis interiectis diebus Sex. Tarquinius inscio Collatino cum comite uno Collatiam venit.

(2) Ubi exceptus benigne ab ignaris consilii cum post cenam in hospitale cubiculum deductus esset, amore ardens, postquam satis tuta circa sopitique omnes videbantur, stricto gladio ad dormientem Lucretiam venit sinistraque manu mulieris pectore oppresso „Tace, Lucretia", inquit; „Sex. Tarquinius sum; ferrum in manu est; moriere, si emiseris vocem."

(3) Cum pavida ex somno mulier nullam opem, prope mortem imminentem videret, tum Tarquinius fateri amorem, orare, miscere precibus minas, versare in omnes partes muliebrem animum.

(4) Ubi obstinatam videbat et ne mortis quidem metu inclinari, addit ad metum dedecus: cum mortua iugulatum servum nudum positurum ait, ut in sordido adulterio necata dicatur.

(5) Quo terrore cum vicisset obstinatam pudicitiam velut victrix libido, profectusque inde Tarquinius ferox expugnato decore muliebri esset, Lucretia maesta tanto malo nuntium Romam eundem ad patrem Ardeamque ad virum mittit, […].

Als ihr Vater und ihr Mann, von dem Boten benachrichtigt, mit je einem Freund bei ihr eintrafen, berichtete Lucretia das Geschehene, kündigte ihren Tod an und nahm allen das Versprechen ab, Tarquinius für seine Tat zu bestrafen.

iuvenalis, -is, -e	Jugend-, jugendlich
hospitale cubiculum	Gästezimmer
circa	*hier:* die Umgebung
sopitus, -a, -um	eingeschlafen, schlafend
moriere	= morieris
pavida ex somno	aus dem Schlaf geschreckt
fateri, orare, miscere, versare	*historische Infinitive*
versare in omnes partes	nach allen Seiten wenden
obstinatus, -a, -um	unbeugsam
ne … quidem	nicht … einmal
inclinare, -clino, -clinavi, -clinatus	ins Wanken bringen, geneigt machen
iugulare, iugulo, iugulavi, iugulatus	die Kehle durchschneiden, erstechen
sordidus, -a, -um	gemein, niedrig
adulterium, -i, *n.*	Ehebruch
ferox, -ocis	wild, übermütig

(9) Dant ordine omnes fidem; consolantur aegram animi avertendo noxam ab coacta in auctorem delicti: mentem peccare, non corpus, et unde consilium afuerit culpam abesse.
(10) „Vos“ inquit „videritis quid illi debeatur: ego me etsi peccato absolvo, supplicio non libero; nec ulla deinde impudica Lucretiae exemplo vivet.“
(11) Cultrum, quem sub veste abditum habebat, eum in corde defigit, prolapsaque in volnus moribunda cecidit.
(12) Conclamat vir paterque.
59 (1) Brutus[5] illis luctu occupatis, cultrum ex volnere Lucretiae extractum manante cruore prae se tenens, „Per hunc“ inquit „castissimum ante regiam iniuriam sanguinem iuro, vosque, di, testes facio me L. Tarquinium Superbum cum scelerata coniuge et omni liberorum stirpe ferro igni quacumque dehinc vi possim exsecuturum, nec illos nec alium quemquam regnare Romae passurum.“

ordine	der Reihe nach
fidem dare	versprechen, sein Wort geben
animi	*Lokativ*
noxam avertere ab … in	von jdm. die Schuld auf jd. anderen abwenden
se peccato absolvere	sich von einer Schuld freisprechen
supplicium, -i, *n.*	Marter, Pein, Bestrafung
culter, -tri, *m.*	Messer
abdere, abdo, abdidi, abditus	verbergen
defigere in (+ *Abl.*), -figo, -fixi, -fixus	hineinstoßen
prolabi, -labor, -lapsus sum	nach vorne sinken
volnus	= vulnus
moribunda	= moriens
luctu occupare	von Trauer ergriffen
manare, mano, manavi	triefen
cruor, -oris, *m.*	Blut
stirps, stirpis, *f.*	Geschlecht, Familie
dehinc	hierauf, dann
exsequi, -sequor, -secutus sum	verfolgen, rächen
me … passurum	*ergänze:* esse

Anmerkungen

1 *Sextus Tarquinius:* Sohn des L. Tarquinius Superbus, des letzten römischen Königs.

2 *L. Tarquinius Collatinus:* Mann der Lucretia und Cousin des Sextus, er vertreibt mit Brutus L. Tarquinius Superbus und wird mit Brutus erster Konsul.

3 *Egerius Collatinus:* Neffe des Königs Tarquinius Priscus, Herrscher über das eroberte Collatia.

4 *Lucretia:* Frau des L. Tarquinius Collatinus

5 *L. Iunius Brutus:* legendärer Begründer der Republik, mit Collatinus vertreibt er im Jahre 509 den letzten König Tarquinius Superbus und beide werden Konsuln.

Arbeitsaufträge

1. Erschließen Sie den Text vor, indem Sie zunächst kurz das auf den Bildern dargestellte Geschehen mit eigenen Worten wiedergeben und dann zu den einzelnen Bildern passende Textstellen aus dem lateinischen Text heraussuchen! Begründen Sie die Zuordnung der Textpassagen!
2. Formulieren Sie nach der Vorerschließung noch offen bleibende Fragen!
3. Üben Sie nach der Übersetzung des Textes Kritik an der angewandten Methode der Vorerschließung: Welche Vorteile bietet diese Herangehensweise an einen Text? Welche Nachteile sehen Sie?
4. In seinem Werk *De civitate Dei*[1] kommentiert Augustin die Selbsttötung Lucretias mit folgenden Worten: „Wenn sie sich also, obwohl selbst keine Ehebrecherin, das Leben nahm, weil sie sich des Ehebrechers nicht erwehren konnte, so tat sie es nicht aus Liebe zur Keuschheit, sondern aus schwächlichem Schamgefühl. Denn sie schämte sich der fremden Schandtat, die gegen ihren Willen an ihr begangen ward, und fürchtete als allzu ehrgeizige Römerin, wenn sie lebend ertrüge, was ihr lebend widerfuhr, man möchte glauben, sie habe es sich nicht ungern, sondern gern gefallen lassen.

1 Augustinus, Aurelius: Vom Gottesstaat (De civitate dei). Übers. v. Wilhelm Thimme, eingel. u. komm. v. Carl Andresen. 2 Bände. dtv: München [4]1997. Band 1, S. 36 f.

Darum meinte sie den Menschen als Zeugnis ihrer reinen Gesinnung ein selbstvollzogenes Strafgericht vor Augen führen zu sollen, da sie ihnen ihr reines Gewissen nicht vorweisen konnte. Denn sie schämte sich, für mitschuldig gehalten zu werden, [...]."
Nehmen Sie zu dieser Position Stellung!

5. Vergleichen Sie den Stil antiker Geschichtsschreibung mit unseren heutigen Ansprüchen an historische Werke!

5.2 Die Werte einer Mutter

Text 5.2.1 Seneca: Ad Helviam matrem de consolatione XIV, 2 f.

Als Seneca im Jahre 41 n. Chr. von Claudius wegen eines angeblichen Ehebruchs mit einer Schwester Caligulas nach Corsica verbannt wurde, verfasste er eine Trostschrift an seine Mutter:

(2) [...] novi enim animum tuum nihil in suis praeter ipsos amantem. Viderint illae matres, quae potentiam liberorum muliebri impotentia exercent, quae, quia feminis honores non licet gerere, per illos ambitiosae sunt, quae patrimonia filiorum et exhauriunt et captant, quae eloquentiam commodando aliis fatigant.

(3) Tu liberorum tuorum bonis plurimum gavisa es, minimum usa; tu liberalitati nostrae semper imposuisti modum, cum tuae non imponeres; tu filia familiae[1] locupletibus filiis ultro contulisti; tu patrimonia nostra sic administrasti, ut tamquam in tuis laborares, tamquam alienis abstineres; tu gratiae nostrae, tamquam alienis rebus utereris, pepercisti, et ex honoribus nostris nihil ad te nisi voluptas et impensa pertinuit: numquam indulgentia tua ad utilitatem respexit.

novisse	wissen, kennen
amare in	lieben an
muliebris, -is, -e	weiblich
impotentia, -ae, *f.*	Unvermögen
exercere, exerceo, exercui, exercitus	ausnützen, geltend machen
ambitiosus, -a, -um	ehrgeizig
patrimonium, -i, *n.*	Vermögen, Erbe
exhaurire, exhaurio, exhausi, exhaustus	aufbrauchen
captare, capto, captavi, captatus	(nach etw.) trachten, zu erlangen suchen
commodare, -modo, -modavi,-modatus	sich anpassen, sich gefällig erweisen
fatigare, fatigo, fatigavi, fatigatus	ermüden, strapazieren
gaudere, gaudeo, gavisus sum + *Abl.*	sich freuen an
imponere, impono, imposui, impositus	auferlegen
modus, -i, *m.*	Maß
locuples, -etis	reich
ultro	überdies, obendrein, von selbst
conferre, confero, contuli, collatus	sammeln, zusammenlegen
administrasti	= administravisti
tamquam	gleich als ob, so wie
laborare in	arbeiten mit
abstinere, abstineo, abstinui + *Abl.*	sich fernhalten
gratia, -ae, *f.*	Ansehen, Gunst
parcere, parcio, peperci, parsurus + *Dat.*	schonen, nicht Gebrauch machen von
pertinere ad	jdn. etw. angehen, jdn. berühren
indulgentia, -ae, *f.*	Güte, zärtliche Liebe
respicere ad + *Akk.*	an etwas denken

Anmerkungen

1 *filia familiae:* nach dem Tod ihres Mannes, Senecas Vater, war Helvia in die *patria potestas* ihres Vaters zurückgekehrt.

Text 5.2.2 Seneca: Ad Helviam matrem de consolatione XVI, 2–6

(2) Non est, quod ad quasdam feminas[1] respicias, quarum tristitiam semel sumptam mors finivit.
Nosti quasdam, quae amissis filiis imposita lugubria numquam exuerunt: a te plus exigit vita ab initio fortior.
Non potest muliebris excusatio contingere ei,
a qua omnia muliebria vitia afuerunt.
(3) Non te maximum saeculi malum, impudicitia,
in numerum plurium adduxit;
non gemmae te, non margaritae flexerunt;
non tibi divitiae velut maximum generis humani bonum refulserunt;
non te bene in antiqua et severa institutam domo periculosa etiam probis peiorum detorsit imitatio;
numquam te fecunditatis tuae[2], quasi exprobraret aetatem, puduit;
numquam more aliarum, quibus omnis commendatio e forma petitur, tumescentem uterum abscondisti quasi indecens onus nec intra viscera tua conceptas spes liberorum elisisti;
(4) non faciem coloribus ac lenociniis polluisti;
numquam tibi placuit vestis, quae nihil amplius nudaret, cum poneretur:

non est, quod	es gibt keinen Grund, dass
respicere, -spicio, -spexi, -spectus	berücksichtigen, beachten
sumere, sumo, sumpsi, sumptus	annehmen
nosti	= novisti
lugubria, lugubrium, *n.*	Trauer
exuere, exuo, exui, exutus	ablegen
exigere, exigo, exegi, exactus	verlangen, fordern
excusatio muliebris	die Entschuldigung, eine Frau zu sein
contingere + *Dat.*	jemandem zustehen
impudicitia, -ae, *f.*	Sittenlosigkeit
in numerum plurium adducere	zu der Mehrzahl rechnen
gemma, -ae, *f.*	Edelstein
margarita,-ae, *f.*	Perle
flectere, flecto, flexi, flectus	erweichen, umstimmen
refulgere, -fulgeo, -fulsi	strahlen, in seinem Glanz erscheinen
instituere, -stituo, stitui, stitutus	unterrichten, unterweisen
detorquere, -torqueo, -torsi, -tortus	abwenden, abbringen
fecunditas, -atis, *f.*	Fruchtbarkeit
exprobrare, -probro, -probravi, -probratus	vorhalten, vorwerfen
te pudet + *Gen.*	du schämst dich einer Sache
quibus	*Dat. auctoris* = a quibus
commendatio, -onis, *f.*	Anerkennung
ex forma petere	in einer schönen Gestalt suchen
tumescens uterus	der (durch Schwangerschaft) anschwellende Bauch
abscondere, -scondo, -scondidi, -sconditus	verbergen, verhüllen
viscera, viscerum, *n.*	Eingeweide, das Innere
concipere, -cipio, -cepi, -ceptus	empfangen
elidere, elido, elisi, elisus	*hier:* abtreiben
lenocinium, -i, *n.*	*eigtl.* Zuhälterei, *hier:* Lockmittel, Verschönerung
polluere, polluo, pollui, pollutus	beschmutzen, verunehren
ponere, pono, posui, positus	*hier:* ablegen

unicum tibi ornamentum pulcherrima et nulli obnoxia aetati forma, maximum decus visa est pudicitia.

(5) Non potes itaque ad obtinendum dolorem muliebre nomen praetendere, ex quo te virtutes tuae seduxerunt; tantum debes a feminarum lacrimis abesse, quantum vitiis.

Arbeitsaufträge

1. In seinem Trostbrief an seine Mutter stellt Seneca diese den zeitgenössischen Frauen als gutes Beispiel gegenüber. Suchen Sie aus beiden Texten in Form einer Tabelle heraus, welche guten Eigenschaften Seneca seiner Mutter zuspricht und welche entgegengesetzten Eigenschaften er bei anderen Frauen sieht!
2. Fassen Sie mit eigenen Worten zusammen, welches Bild Seneca von einer idealen Mutter gibt, und nehmen Sie Stellung zu diesem!

unicus, -a, -um	einzig
obnoxius, -a, -um	unterworfen, verpflichtet
obtinere, -tineo, -tinui, -tentus	aufrechterhalten, festhalten
praetendere, -tendo, -tendi, -tentus	zum Vorwand nehmen, vorgeben
seducere, -duco, -duxi, -ductus	trennen

Anmerkungen

1 Gemeint ist unter anderem Octavia, die ältere Schwester des Augustus, deren Sohn – M. Claudius Marcellus – mit zwanzig Jahren verstarb und von dessen Tod sie sich nicht mehr erholte.

2 Seneca hatte noch zwei Brüder.

5.3 Lobbrief auf eine Ehefrau

Text 5.3 Plinius: Epistularum libri decem IV 19

C. Plinius Calpurniae Hispullae[1] suae s.

(1) Cum sis pietatis exemplum, fratremque optimum et amantissimum tui pari caritate dilexeris, filiamque eius ut tuam diligas, nec tantum amitae ei adfectum verum etiam patris amissi repraesentes, non dubito maximo tibi gaudio fore cum cognoveris dignam patre dignam te dignam avo[2] evadere.

(2) Summum est acumen summa frugalitas; amat me, quod castitatis indicium est. Accedit his studium litterarum, quod ex mei caritate concepit. Meos libellos habet lectitat ediscit etiam.

(3) Qua illa sollicitudine cum videor acturus, quanto cum egi gaudio adficitur! Disponit qui nuntient sibi quem adsensum quos clamores excitarim, quem eventum iudici tulerim. Eadem, si quando recito, in proximo discreta velo sedet, laudesque nostras avidissimis auribus excipit.

(4) Versus quidem meos cantat etiam formatque cithara non artifice aliquo docente, sed amore qui magister est optimus.

(5) His ex causis in spem certissimam adducor, perpetuam nobis maioremque in dies futuram esse concordiam. Non enim aetatem[3] meam aut corpus, quae paulatim occidunt ac senescunt, sed gloriam diligit.

(6) Nec aliud decet tuis manibus educatam, tuis praeceptis institutam, quae nihil in contubernio tuo viderit, nisi sanctum

s.	salutem dicit
pietas, -atis, *f.*	Familiensinn
(amantissimum) tui	*gen. obiectivus*
caritas, -atis, *f.*	Zuneigung, Hochschätzung
amita, -ae, *f.*	Tante *(väterlicherseits)*
adfectum repraesentare + *Dat.*	jemandem Zuneigung erweisen
evadere, evado, evasi, evasurus	sich zeigen, entwickeln
acumen, -inis, *n.*	Scharfsinn
frugalitas, -atis, *f.*	Wirtschaftlichkeit, Sparsamkeit
castitas, -atis, *f.*	Sittenreinheit
concipere, -cipio, -cepi, -ceptus	aufnehmen, beginnen
libellus, -i, *m.*	Büchlein, kleine Schrift
lectitare, lectito, lectitavi, lectitatus	eifrig lesen
ediscere, edisco, edidici	auswendig lernen
sollicitudo, -inis, *f.*	Aufregung
(causam) agere	als Redner vor Gericht auftreten, eine Rechtssache führen
adficere, -ficio, -feci, -fectus	(mit etwas) erfüllen
disponere, -pono, -posui, -positus	Leute (zwischen den Zuhörern) verteilen
adsensus, -us, *m.*	Zustimmung
clamor, -oris, *m.*	Zuruf, Beifallsgeschrei
iudicium, -i, *n.*	Prozess
in proximo	in der Nähe
discreta velo	getrennt durch einen Vorhang
cithara formare	zur Zither vertonen, auf der Zither begleiten
cantat singen	
versus der Vers	
in dies	von Tag zu Tag
adducor hinführen	
gloriam	*erg.* meam
contubernium	Hausgemeinschaft

honestumque, quae denique amare me ex tua praedicatione consueverit.

(7) Nam cum matrem meam parentis loco vererere, me a pueritia statim formare laudare, talemque qualis nunc uxori meae videor, ominari solebas.

(8) Certatim ergo tibi gratias agimus, ego quod illam mihi, illa quod me sibi dederis, quasi invicem elegeris. Vale.

Arbeitsaufträge

1. Versetzen Sie sich in die Lage des Plinius, der als Mann Ende dreißig frisch mit einer ungefähr zwanzigjährigen Frau mit Namen Calpurnia verheiratet ist! Verfassen Sie nun einen Brief an Calpurnias Tante Calpurnia Hispulla, die diese Beziehung vermittelt hat!
2. Beschreiben Sie den Aufbau des Briefes und fassen Sie kurz den Inhalt der einzelnen Abschnitte zusammen!
3. Suchen Sie die Eigenschaften und Handlungen heraus, die Plinius an Calpurnia lobt, und stellen Sie diesen ihre Bedeutung für Plinius in einer Tabelle gegenüber!
4. Fassen Sie zusammen, welche Vorstellungen von Liebe in einer Partnerschaft in diesem Brief deutlich werden! Stellen Sie hierbei Bezüge zu den Erkenntnissen im Kapitel „Die rechtliche Stellung der Frau“ her!
5. Vergleichen Sie die in diesem Kapitel genannten idealen Eigenschaften einer Ehefrau mit dem im Brief Senecas an seine Mutter deutlich gewordenem Ideal einer Frau!

ex tua praedicatione	aufgrund deiner Empfehlung
consuescere, -suesco, -suevi, -suetus	sich gewöhnen an
parentis loco	an Stelle einer Mutter
ominari, ominor, ominatus sum	voraussagen, ahnen
certatim	um die Wette
quasi	als ob, als wenn
invicem	abwechselnd, für einander

Anmerkungen

1 *Calpurnia Hispulla:* die Tante von Plinius' dritter Ehefrau Calpurnia. Sie zog Calpurnia nach dem frühen Tod ihrer Eltern auf und vermittelte die Ehe mit Plinius.
2 *Calpurnius Fabatus:* Großvater der Calpurnia aus Comum. Sein Sohn hatte den gleichen Namen.
3 Plinius war zur Zeit der Abfassung dieses Briefes ca. 36/39 Jahre alt, während Calpurnia noch keine zwanzig Jahre alt war.

5.4 Darstellung einer vorbildlichen Frau

Text 5.4 Plinius: Epistularum libri decem III 16

C. Plinius Nepoti[1] suo s.

(1) Adnotasse videor facta dictaque virorum feminarumque alia clariora esse alia maiora.

(2) Confirmata est opinio mea hesterno Fanniae[2] sermone. Neptis haec Arriae[3] illius, quae marito et solacium mortis et exemplum fuit. Multa referebat aviae suae non minora hoc sed obscuriora; quae tibi existimo tam mirabilia legenti fore, quam mihi audienti fuerunt.

(3) Aegrotabat Caecina Paetus[4] maritus eius, aegrotabat et filius, uterque mortifere, ut videbatur. Filius decessit eximia pulchritudine pari verecundia, et parentibus non minus ob alia carus quam quod filius erat.

(4) Huic illa ita funus paravit, ita duxit exsequias, ut ignoraret maritus; quin immo quotiens cubiculum eius intraret, vivere filium atque etiam commodiorem esse simulabat, ac persaepe interroganti, quid ageret puer, respondebat; „Bene quievit, libenter cibum sumpsit."

(5) Deinde, cum diu cohibitae lacrimae vincerent prorumperentque, egrediebatur; tunc se dolori dabat; satiata siccis oculis composito vultu redibat, tamquam orbitatem foris reliquisset.

(6) Praeclarum quidem illud eiusdem, ferrum stringere,

s.	= salutem dicit
adnotare, -noto, -notavi, -notatus	bemerken
hesternus, -a, -um	gestrig
neptis, -is, *f.*	Enkelin
solacium, -i, *n.*	Trost
hoc	= *Abl. comparationis*
obscurus, -a, -um	dunkel, unbekannt
agrotare, aegroto, aegrotavi, aegrotatus	krank sein
mortifere	tödlich
eximius, -a, -um	ausgenommen, außerordentlich
exsequias ducere	eine Leichenfeier veranstalten
commodior est	es geht ihm besser
quiescere, quiesco, quievi	ruhen, schlafen
cohibere, -hibeo, -hibui, -hibitus	zurückhalten
prorumpere, -rumpo, -rupi, -ruptus	hervorbrechen
satiata	*hier:* wenn sie zu Ende geweint hatte
compositus, -a, -um	gefasst
orbitas, -atis, *f.*	Kinderlosigkeit, Verlust
foris	draußen

perfodere pectus, extrahere pugionem, porrigere marito, addere vocem immortalem ac paene divinam: „Paete, non dolet." Sed tamen ista facienti, ista dicenti, gloria et aeternitas ante oculos erant; quo maius est sine praemio aeternitatis, sine praemio gloriae, abdere lacrimas operire luctum, amissoque filio matrem adhuc agere.

(7) Scribonianus[5] arma in Illyrico contra Claudium moverat; fuerat Paetus in partibus, et occiso Scriboniano Romam trahebatur.

(8) Erat ascensurus navem; Arria milites orabat, ut simul imponeretur. „Nempe enim" inquit „daturi estis consulari viro servolos aliquos, quorum e manu cibum capiat, a quibus vestiatur, a quibus calcietur; omnia sola praestabo."

(9) Non impetravit: conduxit piscatoriam nauculam, ingensque navigium minimo secuta est. Eadem apud Claudium[6] uxori Scriboniani, cum illa profiteretur indicium: „Ego", inquit, „te audiam, cuius in gremio Scribonianus occisus est, et vivis?" Ex quo manifestum est ei consilium pulcherrimae mortis non subitum fuisse.

(10) Quin etiam, cum Thrasea[7] gener eius deprecaretur, ne mori pergeret, interque alia dixisset: „Vis ergo filiam tuam, si mihi pereundum fuerit, mori mecum?", respondit: „Si tam diu tantaque concordia vixerit tecum quam ego cum Paeto, volo."

(11) Auxerat hoc respondo curam suorum; attentius custodiebatur; sensit et „Nihil agitis", inquit; „potestis enim

perfodere, -fodio, -fodi, -fossus	durchbohren, durchstechen
pugio, -onis, *m.*	Dolch
quo maius est	es ist umso bedeutender
matrem adhuc agere	noch die Mutter spielen
arma movere	Waffen ergreifen, einen Aufstand erregen
esse in partibus	daran teilnehmen
trahere, traho, traxi, tractus	schleppen
imponere, -pono, -posui, -positus	an Bord bringen
nempe enim	doch wohl
calciare + *Akk.*	jdm. die Schuhe anziehen
praestare, -sto, -stiti, -stitus	leisten, verrichten
conducere	*hier:* mieten
piscatoria naucula	Fischerkahn
profiteri indicium	als Zeuge der Anklage auftreten
manifestus, -a, -um	offensichtlich, klar
mori pergere	auf dem Tod beharren
attentus, -a, -um	aufmerksam

efficere ut male moriar, ut non moriar non potestis."

(12) Dum haec dicit, exsiluit cathedra adversoque parieti caput ingenti impetu impegit et corruit. Focilata „Dixeram", inquit, „vobis inventuram me quamlibet duram ad mortem viam, si vos facilem negassetis."

(13) Videnturne haec tibi maiora illo „Paete, non dolet", ad quod per haec perventum est? Cum interim illud quidem ingens fama, haec nulla circumfert. Unde colligitur, quod initio dixi, alia esse clariora alia maiora. Vale.

Arbeitsaufträge

1. Lesen Sie sich die Anmerkungen zu der älteren Arria und ihrem Mann Caecina Paetus durch und formulieren Sie Erwartungen an die Person der Arria!
2. Teilen Sie den vorliegenden Brief in Abschnitte ein und geben Sie diesen Überschriften!
3. Suchen Sie aus dem Text alle Imperfektformen heraus und bestimmen Sie die jeweilige Funktion!
4. Erarbeiten Sie, wie Arria in dem Brief charakterisiert wird! Reflektieren Sie anschließend Ihre Erwartungen an Arria aus der Aufgabe 1: Was wird durch den Text bestätigt, was können Sie ergänzen, was müssen Sie differenzieren oder korrigieren?

exsilire, -silio, -silui	aufspringen
cathedra, -ae, *f.*	Armsessel
adversus, -a, -um	gegenüber liegend
parieti caput impegi	mit dem Kopf gegen die Wand rennen
focilare, focilo, focilavi, focilatus	durch Wärme wieder beleben
quamlibet	(wenn auch) noch so sehr
circumferre, -fero, -tuli, -latus	(ringsum) verbreiten
unde colligitur	daraus folgt

Anmerkungen

1 *Maecilius Nepos:* Adressat des Briefes.
2 *Fannia:* Enkelin der Arria, Tochter des Stoikers Thrasea Paetus und der jüngeren Arria; sie folgte ihrem Mann Helvidius Priscus zweimal ins Exil.
3 *Arria, die Ältere:* Frau des Caecina Paetus, dem sie 42 n. Chr. den Freitod vorlebte.
4 *Caecina Paetus:* er war im Jahre 42 n. Chr. an der Verschwörung des Legaten Scribonianus gegen Kaiser Claudius beteiligt, wurde nach Aufdeckung der Verschwörung zum Tode verurteilt und verübte nach dem Vorbild seiner Frau Selbstmord.
5 *L. Arruntius Furius Camillus Scribonianus:* dalmatinischer Statthalter, der 42 n. Chr. eine Verschwörung gegen Claudius anzettelte und die Republik wieder errichten wollte; er wurde aber umgebracht.
6 *Tiberius Claudius Nero Germanicus:* röm. Kaiser 41–54 n. Chr.
7 *Thrasea Paetus:* Schwiegersohn der Arria.

Stammbaum

Arria, die Ältere ∞ Caecina Paetus
|
Arria, die Jüngere ∞ Thrasea Paetus
|
Fannia ∞ Helvidius Priscus

5.5 Die Frau bei den Germanen

Text 5.5 Tacitus: Germania 17–20

In seiner „Germania“ gibt uns Tacitus seine Vorstellung von Germanien und dessen Kultur wieder. Dabei geht er unter anderem auf die Kleidung der Germanen und deren strenge Auffassung von der Ehe ein:

(17) […] Nec alius feminis quam viris habitus, nisi quod feminae saepius lineis amictibus velantur eosque purpura variant[1] partemque vestitus superioris in manicas non extendunt, nudae bracchia ac lacertos; sed et proxima pars pectoris patet.

(18) Quamquam severa illic matrimonia, nec ullam morum partem magis laudaveris. Nam prope soli barbarorum singulis uxoribus contenti sunt[2], exceptis admodum paucis, qui non libidine, sed ob nobilitatem plurimis nuptiis ambiuntur. Dotem[3] non uxor marito, sed uxori maritus offert. Intersunt parentes et propinqui ac munera probant, munera non ad delicias muliebres quaesita nec, quibus nova nupta comatur, sed boves et frenatum equum et scutum cum framea gladioque. In haec munera uxor accipitur atque invicem ipsa armorum aliquid viro affert: hoc maximum vinculum, haec arcana sacra, hos coniugales deos arbitrantur. Ne se mulier extra virtutum cogitationes extraque bellorum casus putet, ipsis incipientis matrimonii auspiciis admonetur venire se laborum periculorumque sociam, idem in pace, idem in proelio passuram ausuramque: hoc iuncti boves,

habitus, -us, *m.*	Kleidung
lineus, -a, -um	aus Leinen
amictus, -us, *m.*	Obergewand, Mantel
purpura variare	mit Purpurfarbe bunt machen, färben
partem vestitus superioris	= partem superiorem vestitus
manica, -ae, *f.*	Ärmel
extendere, -tendo, -tendi, -tensus	vergrößern, auslaufen lassen
bracchium, -i, *n.*	Unterarm
lacertus, -i, *m.*	Oberarm
patere, pateo, patui	unbedeckt sein
quamquam	trotzdem
matrimonia, -ae, *f.*	Ehe, Eheauffassung
nobilitas, -atis, *f.*	vornehmer Stand
nuptiis ambire	mit Ehevorschlägen umwerben
dos, dotis, *f.*	Mitgift, Brautpreis
deliciae, -arum, *f.*	Freuden, Vergnügen (Schmuck, Kleidung)
comere, como, compsi, comptus	schmücken
frenare, freno, frenavi, frenatus	aufzäumen
framea, -ae, *f.*	Wurfspieß
in haec munera	auf diese Gaben hin
invicem	im Austausch
arcanus, -a, -um	geheim
coniugales dei	Bestätigung der Ehegötter

hoc paratus equus, hoc data arma denuntiant. Sic vivendum, sic pereundum accipere se, quae liberis inviolata ac digna reddat, quae nurus accipiant rursusque ad nepotes referantur.

(19) Ergo saepta pudicitia agunt nullis spectaculorum illecebris, nullis conviviorum irritationibus corruptae. Litterarum secreta viri pariter ac feminae ignorant. Paucissima in tam numerosa gente adulteria, quorum poena praesens et maritis permissa: abscisis crinibus nudatam coram propinquis expellit domo maritus ac per omnem vicum verbere agit. Publicatae enim pudicitiae nulla venia: non forma, non aetate, non opibus maritum invenerit. Nemo enim illic vitia ridet, nec corrumpere et corrumpi saeculum vocatur. Melius quidem adhuc eae civitates, in quibus tantum virgines nubunt et cum spe votoque uxoris semel transigitur. Sic unum accipiunt maritum, quomodo unum corpus unamque vitam, ne ulla cogitatio ultra, ne longior cupiditas, ne tamquam maritum, sed tamquam matrimonium ament. Numerum liberorum finire aut quemquam ex agnatis necare flagitium habetur, plusque ibi boni mores valent quam alibi bonae leges[4].

(20) In omni domo nudi ac sordidi in hos artus, in haec corpora, quae miramur, excrescunt. Sua quemque mater uberibus alit, nec ancillis aut nutricibus delegantur. Dominum ac servum nullis educationis deliciis dignoscas: inter eadem pecora, in eadem humo degunt, donec aetas separet ingenuos, virtus agnoscat.

denuntiare, -nuntio, -nuntiavi, -nuntiatum	kundtun, preisgeben
nurus, -us, *f.*	Schwiegertochter
saepta pudicitia	in wohl behüteter Keuschheit
agere	= vitam agere
illecebra, -ae, *f.*	Verführung, Reiz
irritatio, -onis, *f.*	Verlockung, Reiz
corrumpere, corrumpo, corrupi, corruptus	entehren
in	*hier:* trotz
numerosus, -a, -um	zahlreich
adulterium, -i, *n.*	Ehebruch
praesens, -ntis	augenblicklich
abscidere, abscido, abscidi, abscisus	abschneiden
crinis, -is, *m.*	Haar
coram + *Abl.*	in Gegenwart, vor
publicare, publico, publicavi, publicatus	öffentlich preisgeben
corrumpere, corrumpo, corrupi, corruptus	*hier:* verführen
transigere, -igo, -egi, -actus	abschließen, ein Ende machen
agnatus, -a, -um	hinzugeboren, nach dem Erstgeborenen, dem Erben, geboren
flagitium habere	für eine Schande halten
sordidus, -a, -um	schmutzig
ubera, -um, *n.*	Brüste
nutrix, -icis, *f.*	Amme
delegare, delego, delegavi, delegatus	anvertrauen, überlassen
deliciae, -arum, *f.*	*hier:* Verzärtelung
dignoscere, -nosco, -novi	unterscheiden
pecus, -oris, *n.*	Vieh
degere, dego, deegi, deactus	leben
ingenuus, -a, -um	frei geboren
agnoscere, -nosco, -novi, -notus	wahrnehmen, bestätigen

Sera iuvenum venus, eoque inexhausta pubertas. Nec virgines festinantur; eadem iuventa, similis proceritas: pares validaeque miscentur, ac robora parentum liberi referunt.

Arbeitsaufträge

1. Beschreiben Sie die beiden Frauenbilder aus M 19, ordnen Sie ein Bild den Germanen und eines den Römern zu und begründen Sie Ihre Zuordnung mithilfe des Ausschnitts aus Tacitus' *Germania*!
2. Suchen Sie die Textstellen heraus, an denen deutlich wird, dass Tacitus mithilfe der Darstellung der Germanen Kritik an den Römern üben möchte! Durch welche sprachlich-stilistischen Mittel sind diese Passagen besonders hervorgehoben?
3. Stellen Sie in einer Tabelle die in dem vorliegenden Textausschnitt gegebene Charakterisierung der germanischen Frauen der Charakterisierung der römischen gegenüber und arbeiten Sie die Aussagen dieses Vergleichs heraus: Wem werden positivere Eigenschaften zugesprochen? Welche Kritik wird deutlich?

venus, -eris, *f.*	= amor
inexhaustus, -a, -um	unerschöpflich
pubertas, pubertatis, *f.*	Jugendkraft
festinare, festino, festinavi	*hier:* früh verheiraten
proceritas, -atis, *f.*	hoher Wuchs, Schlankheit
misceri	*hier:* sich verheiraten

Anmerkungen

1 Gefärbt wurde z. B. mit Heidelbeeren.

2 Tacitus idealisiert die Ehe der Germanen, denn auch die Germanen hatten je nach wirtschaftlicher Situation des Mannes mehrere Frauen.

3 Gemeint ist hier ein Preis als Entschädigung für den Verlust der Arbeitskraft der Tochter.

4 *bonae leges:* die Gesetze des Kaisers Augustus gegen Ehe- und Kinderlosigkeit.

M 19 Germanische und römische Frau

5.6 Geburtstagseinladung einer Soldatenfrau

Text 5.6 Cl. Severa Lepidinae suae (fig. 20 T 57)

Cl. Severa Lepidinae suae salutem.

III Idus Septembres, soror, ad diem sollemnem natalem meum rogo libenter facias ut venias ad nos iucundiorem mihi diem interventu tuo factura si venias. Cerialem tuum saluta. Aelius meus te et filios salutat.

Sperabo te, soror. Vale, soror, anima mea, ita valeam, karissima et have.

Sulpicia Lepidinae

Flavii Cerialis

A Severa

Arbeitsauftrag

Vergleichen Sie Aufbau und Inhalt des Briefes mit dem Aufbau und Inhalt heutiger Geburtstagseinladungen!

sollemnis, -is, -e	festlich, feierlich, alljährlich wiederkehrend
interventus, -us, *m.*	Eintritt, Besuch
have	= ave

M 21 Geburtstagseinladung, 1. Jh. n. Chr.

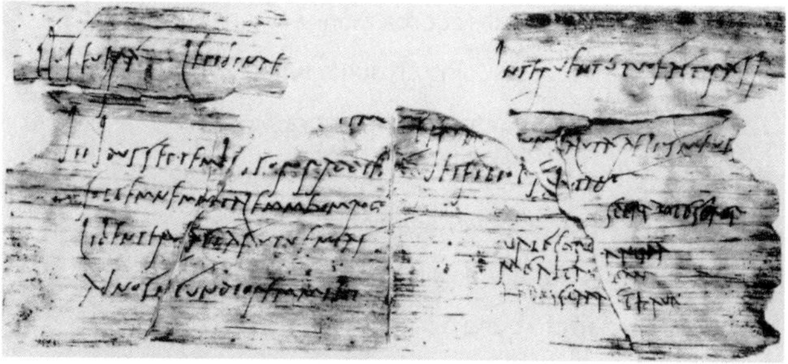

Brief einer römischen Frau aus der Oberschicht, ca. 100 n.Chr.
© The Vindolanda Trust – Roman Vindolanda & The Roman Army Museum

5.7 Abtreibung

Text 5.7 Ovid: Amores II 14,1–40

Quid iuvat inmunes belli cessare puellas
nec fera peltatas agmina velle sequi,
si sine Marte suis patiuntur vulnera telis
et caecas armant in sua fata manus?
quae prima instituit teneros convellere fetus,
militia fuerat digna perire sua.
scilicet, ut careat rugarum crimine venter,
sternetur pugnae tristis harena tuae?
si mos antiquis placuisset matribus idem,
gens hominum vitio deperitura fuit
[…] quid plenam fraudas vitem crescentibus uvis
pomaque crudeli vellis acerba manu?
sponte fluant matura sua, sine crescere nata:
est pretium parvae non leve vita morae.
vestra quid effoditis subiectis viscera telis
et nondum natis dira venena datis?
[…] at tenerae faciunt, sed non inpune, puellae:
saepe, suos utero quae necat, ipsa perit;
ipsa perit ferturque rogo resoluta capillos,
et clamant „merito" qui modo cumque vident.

iuvat	es erfreut
inmunis belli	frei von Kriegsdienst
cessare, cesso, cessavi, cessatus	müßig sein, ruhen
peltatus, -a, -um	mit der Pelta *(einem leichten Schild in Halbmondform)* bewaffnet
caecus, -a, -um	verblendet, ziellos
convellere, -vello, -velli, -vulsus	herausreißen, zunichte machen
fetus, -us, *m.*	Kind, Leibesfrucht
militia, -ae, *f.*	Kriegsdienst, blutige Tat
carere, careo, carui, cariturus + *Abl.*	frei sein (von), fernbleiben (von)
ruga, rugae, *f.*	Falte, Runzel
crimen, -inis, *n.*	Tadel, Makel
sternere, sterno, stravi, stratus	ebnen, zurechtmachen
tristis, -is, -e	Trauer bringend, finster
vitium, -i, *n.*	Laster, Vergehen
deperire, -eo, -ii, -iturus	zugrunde gehen, umkommen
fraudare, fraudo, fraudavi, fraudatus	betrügen, hintergehen
vitis, -is, *f.*	Weinrebe
uva, -ae, *f.*	Traube
pomum, -i, *n.*	Frucht, Obst
vellere, vello, velli, volsus	rupfen, reißen
maturus, -a, -um	reif
levis, -is, -e	unbedeutend
mora, -ae, *f.*	Verzögerung, Aufschub
effodere, -fodio, -fodi, -fossus	durchwühlen, auskratzen
subicere, -icio, -ieci, -iectus	aussetzen, übergeben
viscus, -eris, *n.*	Eingeweide, Mutterleib
dirus, -a, -um	Unheil bringend, verderblich
uterus, -i, *m.*	Bauch, Mutterleib
rogus, -i, *m.*	Scheiterhaufen
resolvere, -solvo, -solvi, -solutus	losbinden
modo	(auch) nur
cumque	wer auch immer

Arbeitsauftrag

Arbeiten Sie heraus, welche Position Ovid der Abtreibung gegenüber einnimmt und wie er seine Position argumentativ belegt!

6 Die Stellung der Frau im öffentlichen Leben

6.1 Demonstration der Frauen für die Aufhebung des Oppischen Gesetzes

M 24 Zeichnung von Trixi Pfaff

Text 6.1 Livius: Ab urbe condita XXXIV 1–8

Nach dem Zweiten Punischen Krieg, im Jahre 195 v. Chr., beantragten die Volkstribunen M. Fundanius und L. Valerius, das Oppische Gesetz (215 v. Chr. von C. Oppius eingebracht) aufzuheben. Das Oppische Gesetz beinhaltete, dass keine Frau mehr als eine halbe Unze Gold haben, ein buntes Gewand tragen und in Rom oder einer Landstadt oder weniger als eine Meile davon entfernt mit einem bespannten Wagen fahren durfte, es sei denn, es handle sich hierbei um eine Opferhandlung im Namen des Staates. M. und P. Iunius Brutus setzten sich für das Oppische Gesetz ein, wehrten sich also gegen eine Aufhebung dieses Gesetzes.

(1) […] Capitolium turba hominum faventium adversantiumque legi complebatur. Matronae nulla nec auctoritate nec verecundia nec imperio virorum contineri limine poterant, omnes vias urbis aditusque in forum obsidebant viros descendentes ad forum orantes, ut florente re publica, crescente in dies privata omnium fortuna, matronis quoque pristinum ornatum reddi paterentur. Augebatur haec frequentia mulierum in dies; nam etiam ex oppidis conciliabulisque conveniebant. Iam et consules praetoresque et alios magistratus adire et rogare audebant; ceterum minime exorabilem alterum utique consulem, M. Porcium Catonem[1], habebant, qui pro lege, quae abrogabatur, ita disseruit:

favere, faveo, favi, fautus + *Dat.*	begünstigen, gewogen sein
matrona, -ae, *f.*	Frau von Stande
auctoritas, -atis, *f.*	*hier:* Einfluss, Rat anderer
continere, contineo, continui, contentus	zurückhalten
limen, -inis, *n. (erg. in)*	Türschwelle *(= pars pro toto)*

fortuna, -ae, *f.*	Vermögen
pristinus, -a, -um	vorig, ehemalig
pati, patior, passus sum	gestatten, zulassen
frequentia, -ae, *f.*	Andrang, Menge
conciliabulum, -i, *n.*	Versammlungsort, Marktplatz

ceterum	aber
minime exorabilis, -is, -e	am wenigsten durch Bitten zu bewegen
utique	besonders
abrogare, -rogo, -rogavi, -rogatus	abfordern, aufheben
disserere, -sero, -serui, -sertus	sprechen

(2) „[…] Maiores nostri nullam, ne privatam quidem rem agere feminas sine tutore auctore voluerunt, in manu esse parentium, fratrum, virorum; nos, si diis placet, iam etiam rem publicam capessere eas patimur et foro quoque et contionibus et comitiis immisceri. Quid enim nunc aliud per vias et compita faciunt, quam rogationem tribunorum plebi suadent, quam legem abrogandam censent? Date frenos impotenti naturae et indomito animali et sperate ipsas modum licentiae facturas; nisi vos facietis; minimum hoc eorum est, quae iniquo animo feminae sibi aut moribus aut legibus iniuncta patiuntur. Omnium rerum libertatem, immo licentiam, si vere dicere volumus, desiderant."

Nach Beendigung seiner Rede schließen sich die beiden Volkstribunen, P. und M. Iunius Brutus, Catos Worten an. L. Valerius begründet nun seinen Antrag auf die Aufhebung des Gesetzes: er wehrt sich gegen die implizit in Catos Rede enthaltene Beschuldigung, den Aufstand der Frauen provoziert zu haben und greift Cato an, mehr ein negatives Bild der Frau in seiner Rede aufgestellt als Argumente gegen eine Aufhebung des Oppischen Gesetzes angeführt zu haben:

(5) „[…] Nam quid tandem novi matronae fecerunt, quod frequentes in causa ad se pertinente in publicum processerunt? Numquam ante hoc tempus in publico apparuerunt? Tuas adversus te Origines[2] revolvam. Accipe, quotiens id fecerint, et quidem semper bono publico[3]. […] Ceterum quod in rebus ad

sine tutore auctore	ohne einen Vormnund, der es gut heißt
in manu esse	in der Vormundschaft sein

capessere, capesso, capessivi, capessitus	ergreifen, in Beschlag nehmen
contio, -onis, *f.*	Volksversammlung
comitia, -orum, *n.*	Komitien, Wahlen
immisceri, immisceor, immixtus sum	teilnehmen, sich einmischen
compitum, -i, *n.*	Straßenecke, Kreuzweg
rogatio, -onis, *f.*	Antrag
suadere, suadeo, suasi, suasus	zuraten, zureden
censere, censeo, censui, census	dafür stimmen
dare frenos	die Zügel locker lassen
impotens	zügellos, schwach
indomitus, -a, -um	unbezähmbar
animal, -is, *n.*	Geschöpf, Lebewesen
modum facere	ein Maß setzen, ein Ende machen
iniquo animo	widerwillig, mit Unwillen
iniungere, -iungo, -iunxi, -iunctus	*zu* quae: auferlegen

quid … novi	= *Gen. partitivus*
quod	*faktisch:* als dass
causa, -ae, *f.*	Rechtssache
pertinere ad	betreffen, beziehen auf
in publicum procedere	an die Öffentlichkeit treten
tuas	*zu* Origines
revolvere, -volvo, -volvi, -volutus	aufschlagen
accipere, -cipio, -cepi, -ceptus	*hier:* erfahren, hören
bono publico	= *Dat. finalis:* zum Wohl des Staates

omnes pariter, viros feminas, pertinentibus fecisse eas nemo miratus est, in causa proprie ad ipsas pertinente miramur fecisse? Quid autem fecerunt? […]

(7) […] Non magistratus nec sacerdotia nec triumphi nec insignia nec dona aut spolia bellica iis contingere possunt; munditiae et ornatus et cultus, haec feminarum insignia sunt, his gaudent et gloriantur, hunc mundum muliebrem appellarunt maiores nostri. Quid aliud in luctu quam purpuram atque aurum deponunt? Quid, cum eluxerunt, sumunt? Quid in gratulationibus supplicationibusque nisi excellentiorem ornatum adiciunt? Scilicet, si legem Oppiam abrogaveritis, non vestri arbitrii erit, si quid eius vetare volueritis, quod nunc lex vetat; minus filiae, uxores, sorores etiam quibusdam in manu erunt; – numquam salvis suis exuitur servitus muliebris; et ipsae libertatem, quam viduitas et orbitas facit, detestantur. In vestro arbitrio suum ornatum quam in legis malunt esse; et vos in manu et tutela, non in servitio debetis habere eas et malle patres vos aut viros quam dominos dici. Invidiosis nominibus utebatur modo consul seditionem muliebrem et secessionem appellando. Id enim periculum est, ne Sacrum montem[4], sicut quondam irata plebs, aut Aventinum capiant; – patiendum huic infirmitati est, quodcumque vos censueritis. Quo plus potestis, eo moderatius imperio uti debetis.“

proprie	ausschließlich
spolia bellica	Kriegsbeute
contingere, -tingo, -tigi, -tactus + *Dat.*	jdm. zuteil werden
munditia, -ae, *f.*	feine Lebensart, Eleganz
cultus, -us, *m.*	Kultur, Schmuck, Kleidung
apellarunt	= appellaverunt
elugere, elugeo, eluxi	die Trauerzeit beenden
sumere, sumo, sumpsi, sumptus	aufnehmen, anlegen
gratulatio, -onis, *f.*	offen bekundete Freude
supplicatio, -onis, *f.*	Dankfest
adicere, -icio, -ieci, -iectus	hinzufügen
vestri arbitrii esse	in eurer Macht liegen
in manu esse	in der Gewalt sein
salvis suis	zu Lebzeiten ihrer männlichen Verwandten
viduitas, -atis, *f.*	Witwenschaft
orbitas, -atis, *f.*	Verlust der Eltern
detestari, -testor	verfluchen, verwünschen
quo … eo	je … desto, um so … desto

(8) Haec cum contra legem proque lege dicta essent, aliquanto maior frequentia mulierum postero die sese in publicum effudit unoque agmine omnes Brutorum ianuas obsederunt, qui collegarum rogationi intercedebant, nec ante abstiterunt, quam remissa intercessio ab tribunis est. Nulla deinde dubitatio fuit, quin omnes tribus legem abrogarent. Viginti annis post abrogata est quam lata.

Arbeitsaufträge

1. Beschreiben Sie das auf der Zeichnung M 24 dargestellte Geschehen! Äußern Sie Vermutungen, was dieses Geschehen beinhaltet! Achten Sie hierbei besonders auf den Ort des Geschehens!
2. Arbeiten Sie die zwei entgegengesetzten Positionen des Marcus Porcius Cato und des Lucius Valerius in der Diskussion über das Oppische Gesetz heraus! Mit welchen Argumenten untermauern sie ihre Position?
3. Fassen Sie zusammen, wie sich die Frauen bei der Diskussion um die Aufhebung des Oppischen Gesetzes verhalten und was sie hierdurch bewirken wollen und bewirken!
4. Beschreiben Sie die Fotomontage von 1975 (M 25) und arbeiten Sie heraus, wogegen sich die Frauen wehren! Arbeiten Sie Parallelen und Abweichungen zum Verhalten der Frauen in der Antike heraus!

aliquanto maior frequentia	eine beträchtlich größere Zahl
effundere, effundo, effudi, effusus	(hervor)stürzen
rogationi intercedere	gegen einen Antrag Einspruch erheben
absistere, absisto, abstiti	sich entfernen, aufhören
intercessionem remittere	den Einspruch zurücknehmen
quin	dass
tribus, -us, f.	Tribus (= *röm. Bezirk*)

Anmerkungen

1 *Marcus Porcius Cato Censorius* (234–149 v. Chr.): Politiker und Schriftsteller, im Jahre 195 Konsul, wie Cicero ein *homo novus*; er ist durch viele Reden und seine strengen Ansichten bekannt, am bekanntesten ist sein von Cicero überliefertes Zitat: *„ceterum censeo Carthaginem esse delendam"*.

2 *Origines:* nicht erhaltenes Hauptwerk Catos, sieben Bücher über die Geschichte Roms von der Gründung der Stadt bis zur Zeit Catos (149 v. Chr.); anachronistisch: Da Cato es erst im hohen Alter verfasste, lag dieses Werk zur Zeit der Diskussion über das Oppische Gesetz noch nicht vor.

3 In der folgenden Passage werden einige Ereignisse aus der Geschichte angeführt, bei denen sich Frauen für Rom einsetzten, z. B. bei dem Raub der Sabinerinnen und bei der Gefährdung Roms durch Coriolan. Als nach der Gründung Roms den Römern der Legende nach zum Fortbestand Frauen fehlten, luden sie die benachbarten Sabiner ein und raubten ihnen ihre Frauen. Nur das Eingreifen und Beschwichtigen der beiden Heere durch die Frauen verhinderte einen Kampf. Coriolan wandte sich, aus Rom verbannt, mit einem Volskerheer gegen seine Vaterstadt Rom und ließ nur auf Bitten seiner Mutter und seiner Frau von einem Angriff auf Rom ab.

4 Im Jahre 494 v. Chr. kam es während der Ständekämpfe zwischen Patriziern und Plebejern als Protest zum Auszug der römischen Plebs auf den Heiligen Berg.

M 25 Plakat der Neuen Frauenbewegung, 1975

Plakat der Neuen Frauenbewegung, um 1975,
Fotomontage, mit freundlicher Genehmigung von Luisa Francia.

Blick auf den zentralen Platz des Forums von Nordosten. Rechts von der Bildmitte die Rostra, dann der Triumphbogen des Septimius Severus und am Bildrand die Kurie. Foto: www.visipix.com

Im Vordergrund die Rostra der Kaiserzeit, die augusteische Erneuerung der Rednertribünen. © Nadine Baumgart

6.2 Die Frau als Rednerin

Text 6.2 Valerius Maximus VIII 3,1 f.

(1) Ne de his quidem feminis tacendum est, quas condicio naturae et verecundia stolae, ut in foro et iudiciis tacerent, cohibere non valuit. [...]

(2) C. Afrania vero, Licinii Bucconis senatoris uxor, prompta ad lites contrahendas pro se semper apud praetorem verba fecit, non quod advocatis deficiebatur, sed quod impudentia abundabat. Itaque inusitatis foro latratibus adsidue tribunalia exercendo muliebris calumniae notissimum exemplum evasit, adeo ut pro crimine inprobis feminarum moribus C. Afraniae nomen obiciatur. Prorogavit autem spiritum suum ad C. Caesarem iterum P. Servilium consules[1]. Tale enim monstrum magis quo tempore exstinctum quam quo sit ortum memoriae tradendum est.

condicio, -onis, *f.*	Verhältnis, Beschaffenheit
stola, -ae, *f.*	Stola *(langes Frauenkleid), hier:* Stellung der Frau
promptus, -a, -um	bereit, geneigt
lites contrahere	Prozesse auf sich laden
deficere, -ficio, -feci, -factus	im Stich lassen
impudentia, -ae, *f.*	Schamlosigkeit, Unverschämtheit
inusitatus, -a, -um	unerhört, ungewöhnlich
latratus, -us, *m.*	Gebell, Gezänk
adsidue	beständig
tribunal, -alis, *n.*	Richter(stuhl)
exercere, exerceo, exercui, exercitus	quälen, plagen
calumnia, -ae, *f.*	Rechtsverdrehung, Intrige
evadere, evado, evasi, evasurus	sich zu etw. entwickeln, werden
pro crimine	als Vorwurf
obicere, obicio, obieci, obiectus	vorwerfen, vorhalten
spiritum prorogare	das Leben verlängern, leben

Anmerkungen

1 C. Caesar und P. Servilius Isauricus waren im Jahre 48 v. Chr. gemeinsam Konsuln.

Arbeitsauftrag

Wie beschreibt Valerius Maximus C. Afrania und wie bewertet er ihr Verhalten?

7 Frauen als Autorinnen

7.1 Lieder der Sulpicia, zitiert bei Tibull

Text 7.1.1 Tibull: Carmen IV 10

Gratum est, securus multum quod iam tibi de me
permittis, subito ne male inepta cadam.
sit tibi cura togae potior pressumque quasillo
scortum quam Servi filia Sulpicia:
solliciti sunt pro nobis, quibus illa dolori est,
ne cedam ignoto, maxima causa, toro.

Text 7.1.2 Tibull: Carmen IV 12

Ne tibi sim, mea lux, aeque iam fervida cura,
ac videor paucos ante fuisse dies,
si quicquam tota conmisi stulta iuventa,
cuius me fatear paenituisse magis,
hesterna quam te solum quod nocte reliqui,
ardorem cupiens dissimulare meum.

Arbeitsauftrag

Arbeiten Sie heraus, in welchen Situationen die zwei Gedichte verfasst wurden und welche Gefühle des lyrischen Ichs sich in ihnen widerspiegeln!

gratus, -a, -um	erfreulich
quod	dass
securus, -a, -um	unbekümmert, unbesorgt
de me	mit mir
permittere, -mitto, -misi, -missus	erlauben
ineptus, -a, -um	töricht
cadere, cado, cecidi, casurus	stürzen, fallen
cura, -ae, *f.*	Liebe
toga, -ae, *f.*	= Nutte *(ehrbare Frauen trugen eine Stola)*
premere, premo, pressi, pressus	beladen, bedecken
quasillum, -i, *n.*	Spinnkorb
scortum, -i, *n.*	Geliebte, Hure
sollicitare, sollicito, sollicitavi	erschüttern, bekümmern
nobis	= me
torus, -i, *m.*	Bett, *hier:* Geliebte, Bettgefährtin

aeque … ac	gleich … wie
ne … iam	nicht … mehr
fervidus, -a, -um	feurig, heißblütig
cura, -ae, *f.*	*hier:* Geliebte
quicquam	etwas
committere, -mitto, -misi, -missus	verschulden, begehen
fati, fateor, fassus sum	zugeben, gestehen
paenitet, paenituit	es verdrießt, es reut, es ärgert
quod	dass
ardor, -oris, *m.*	Leidenschaft
dissimulare, -simulo, -simulavi, -simulatus	verbergen

7.2 Briefe der Cornelia[1] an ihren Sohn C. Sempronius Gracchus[2]

Text 7.2 Nepos fr. 1,2

(1) Dices pulchrum esse inimicos ulcisci. id neque maius neque pulchrius cuiquam atque mihi esse videtur, sed si liceat re publica salva ea persequi. sed quatenus id fieri non potest, multo tempore multisque partibus inimici nostri non peribunt atque, uti nunc sunt, erunt potius quam res publica profligetur atque pereat.

(2) Verbis conceptis deierare ausim, praeterquam qui Tiberium Gracchum necarunt, neminem inimicum tantum molestiae tantumque laboris quantum te ob has res mihi tradidisse: quem oportebat omnium eorum, quos antehac habui liberos, partis eorum tolerare atque curare, ut quam minimum sollicitudinis in senecta haberem, utique, quaecumque ageres, ea velles maxime mihi placere, atque uti nefas haberes rerum maiorum adversum meam sententiam quicquam facere, praesertim mihi, cui parva pars vitae restat. ne id quidem tam breve spatium potest opitulari, quin et mihi adversere et rem publicam profliges? denique quae pausa erit? ecquando desinet familia nostra insanire? ecquando modus ei rei haberi poterit? ecquando desinemus et habentes et praebentes molestiis desistere? ecquando perpudescet miscenda atque perturbanda re publica? sed si omnino id fieri non potest, ubi ego mortua ero, petito

atque	als
re publica salva	ohne Schaden für den Staat
quatenus	weil
multus, -a, -um	vorgerückt, spät
profligare, profligo, profligavi, profligatus	stürzen
concipere, -cipio, -cepi, -ceptus	förmlich / feierlich aussprechen
ausim	*Optativ von* audeo
deierare, deiero, deieravi, deieratus	schwören
praeterquam	außer
necarunt	= necaverunt
molestia, -ae, *f.*	Ärger
antehac	vorher, früher
pars, -tis, *f.*	Pflicht, Aufgabe
tolerare, tolero, toleravi, toleratus	einer Sache genügen, Genüge leisten
sollicitudo, -inis, *f.*	Unruhe, Sorge
senecta, -ae, *f.*	hohes Alter
utique	= et ut
nefas *(nur Nom. und Akk.), n.*	Frevel, Unrecht
maiores, -um, *m.*	die Vorfahren, Alten
opitulari, opitulor, opitulatus sum	Hilfe bringen, helfen
adversere	= adverseris
adversari, adversor, adversatus sum	sich widersetzen
pausa, -ae, *f.*	Ende
ecquando	ob jemals
insanire, insanio, insanivi	außer sich sein, rasen
praebere, praebeo, praebui, praebitus	austeilen
perpudescere, perpudesco + *Akk.*	sich (wegen einer Sache) schämen

tribunatum: per me facito, quod lubebit, cum ego non sentiam. ubi mortua ero, parentabis mihi et invocabis deum parentem. in eo tempore non pudebit te eorum deum preces expetere, quos vivos atque praesentes relictos atque desertos habueris. ne ille sirit Iuppiter te ea perseverare, nec tibi tantam dementiam venire in animum! et si perseveras, vereor, ne in omnem vitam tantum laboris culpa tua recipias, uti in nullo tempore tute tibi placere possis.

parentare, parento, parentavi, parentatus	ein Totenopfer darbringen
deus parens	der Geist der Mutter
deum	= deorum
expetere, expeto, expetivi, expetitum	fordern, aufsuchen
sirit	= siverit
tute	= tu

Anmerkungen

1 *Cornelia:* jüngere Tochter des Publius Cornelius Scipio Africanus Maior; sie war mit dem etwa dreißig Jahre älteren Tiberius Sempronius Gracchus verheiratet, der 153 v. Chr. verstarb. Ihre zwölf Kinder, von denen nur drei überlebten – Tiberius, Gaius und Sempronia –, zog sie alleine groß; nach dem Tod des Tiberius lebte sie in Misenum und überlebte dort auch noch den Tod ihres zweiten Sohnes.

2 *Gaius Sempronius Gracchus* (153–121 v. Chr.): neun Jahre jüngerer Bruder des Tiberius Gracchus, der 133 Volkstribun war und von Mitgliedern des Senats auf dem Kapitol erschlagen wurde. Gaius Sempronius wurde 123/122 Volkstribun und versuchte, die Reformen (z. B. neue Ackergesetze, Abgabe verbilligten Getreides) seines Bruders fortzuführen und seinen Tod zu rächen. Als es 121 zu einem Aufruhr kam, ließ er sich von einem Sklaven töten.

Arbeitsaufträge

1. Arbeiten Sie aus dem Brief die Argumente und sprachlich-stilistischen Mittel heraus, die Sempronia nutzt, um Gaius von seiner Rache abzubringen!
2. Verfassen Sie aus der Sicht des Gaius Sempronius Gracchus einen Antwortbrief an seine Mutter, in dem er seine Pläne rechtfertigt!
3. Beschreiben Sie die Karikatur der Mutter der Gracchen (M 32) und arbeiten Sie die Aussagen über das in der Literatur vermittelte Bild von ihr heraus!

M 32 Cornelia, Mutter der Gracchen

„Schon in der Schule lernt man, dass die Mutter der Gracchen ihre Söhne als ihren einzigen Schmuck bezeichnete."

aus: Honoré Daumier: Götter und Helden, Einführung E. Penzoldt, Piper: München 1959 (1947)

8 Exemplarische Lebensbilder einzelner Frauen

8.1 Sempronia

Text 8.1 Sallust: De coniuratione Catilinae 25

In seinem Werk „De coniuratione Catilinae“ geht Sallust auf die Catilinarische Verschwörung im Jahre 63 v. Chr. ein, die einen Umsturz der Macht erzielte. Unter den Anhängern Catilinas erwähnt er Sempronia, in deren Haus auch Treffen stattfanden:

(1) Sed in iis[1] erat Sempronia[2], quae multa saepe virilis audaciae facinora conmiserat.

(2) haec mulier genere atque forma, praeterea viro[3], liberis satis fortunata fuit; litteris Graecis Latinis docta, psallere [et] saltare elegantius quam necesse est probae, multa alia, quae instrumenta luxuriae sunt.

(3) sed ei cariora semper omnia quam decus atque pudicitia fuit; pecuniae an famae minus parceret, haud facile discerneres; lubido sic adcensa, ut saepius peteret viros quam peteretur.

(4) sed ea saepe antehac fidem prodiderat, creditum abiuraverat, caedis conscia fuerat: luxuria atque inopia praeceps abierat.

(5) verum ingenium eius haud absurdum: posse versus facere, iocum movere, sermone uti vel modesto vel molli vel procaci; prorsus multae facetiae multusque lepos inerat.

virilis, -is, -e	dem Manne eigen, männlich
genus, -eris, *n.*	Herkunft, Abstammung
fortunatus, -a, -um	begütert, reich
psallere, psallo	singen
saltare, salto, saltavi, saltatus	tanzen
elegans, -ntis	fein, elegant
probus, -a, -um	anständig
instrumentum, -i, *n.*	Mittel
decus, -oris, *n.*	Ehre, Anstand
pudicitia, -ae, *f.*	Keuschheit
an	oder
parcere, parco, peperci, parsurus + *Dat.*	schonend umgehen mit
discernere, -cerno, -crevi, -cretus	entscheiden
adscendere, -cendo, -cendi, -census	erhitzen, erregen
petere, peto, petivi, petitus	aufsuchen, verlangen
antehac	= antea
fidem prodere	sein Wort brechen
creditum abiurare	ein Darlehen ableugnen
inopia, -ae, *f.*	Mittellosigkeit
praecipitem abire	tief sinken
ingenium, -i, *n.*	Veranlagung
absurdus, -a, -um	schlecht
posse	= *historischer Infinitiv*
iocum movere	witzige Unterhaltungen einleiten
sermone uti	ein Gespräch führen
modestus, -a, -um	zurückhaltend, dezent
mollis, -is, -e	angenehm, freundlich, zärtlich
procax	frech
prorsus	kurz
facetiae, -arum, *f.*	Esprit, Charme, Witz
lepos, -oris, *m.*	Anmut, Charme

Anmerkungen

1 *iis* bezieht sich auf die Verschwörergruppe Catilinas.
2 Sempronia stammt aus der Familie der Gracchen und ist die Mutter des späteren Caesarmörders D. Iunius Brutus Albinus.
3 Mit *viro* ist Decius Iunius Brutus, der 77 v. Chr. Konsul in Rom war, gemeint. Er war im Jahre 63 nicht in Rom, als Sempronia ihr Haus den Catilinariern zur Vefügung stellte.

Arbeitsaufträge

1. Arbeiten Sie anhand einer Tabelle heraus, wie Sallust Sempronia charakterisiert und welche Einstellung er ihr gegenüber einnimmt!
2. Arbeiten Sie aus dem Text von Dacre Balsdon (M 33) die immanenten Denkanstöße und kritischen Ansätze heraus und nehmen Sie Stellung zu ihnen!
3. Vergleichen Sie die Rezeption der Sallustselle durch Roberts (M 34) mit dem Original: Was hat Roberts der Quelle entnommen, was ist fiktiv? Welches Frauenbild gibt dieser Romanausschnitt wieder?

M 33 Dacre Balsdon: Frauenemanzipation in der Spätzeit der Republik

Neu war zur Zeit der späten Republik das Geltungsbedürfnis, das manche dieser Frauen, keineswegs alle, – oft in vulgärer Form – an den Tag legten, sobald sie verheiratet waren. Eine der berüchtigtsten – trotz guter Herkunft und Kultur – war Sempronia, die Frau des Konsuls von 77 v. Chr., die Catilina als treibende Kraft bei seiner Verschwörung zum Sturz der Regierung im Jahr 63 v. Chr. gedient haben soll, wenn man Sallust vertrauen kann. [...]

Sallust, selbst ein Übeltäter, der dann aber das Licht geschaut und sich zum Guten bekehrt hatte, war infolgedessen, was die so genannte Moral betraf, von geradezu pathologischer Besessenheit. Doch selbst wenn man dies in Rechnung zieht, verlangt dieser Bericht eine Erläuterung. Dass es in Rom eine Schar von bankrotten verheirateten Prostituierten der Oberschicht gab, die die Blüte ihrer Jahre schon überschritten hatten, ist bekannt; doch dass diese Frauen das geeignete Instrument gewesen sein sollen, Sklaven zur Brandstiftung aufzuhetzen, ist das Produkt wildwuchernder Fantasie. Und dass Sempronia persönlich eine Rolle bei der Verschwörung spielte, wird dadurch widerlegt, dass Sallust selbst hierüber nichts sagt, und dadurch, dass sie in keinem anderen der detaillierten Berichte über die Verschwörung, die uns erhalten blieben, erwähnt wird.

Wie mag es dann zu dieser gehässigen Schilderung der Sempronia gekommen sein? War sie der letzte Spross eines einst edlen Geschlechts, Tochter und letztes überlebendes Kind des C. Gracchus, des rebellischen Tribuns von 123 v. Chr.? Oder war Decimus Brutus, einer der Mörder Caesars, nicht der Sohn ihres Mannes, sondern ihr illegitimer Sohn von Caesar? Dies sind die Vermutungen, zu denen sich Gelehrte in ihren verzweifelten Bemühungen, sich diese Schilderung des Sallust zu erklären, genötigt sahen.

Aus: Streifzüge durch die antike Welt. Ein historisches Lesebuch, hrsg. von Andreas Patzer, Verlag C. H. Beck: München ³1994, S. 261–269.

M 34 Ausschnitt aus John M. Roberts' Roman „Die Catilina-Verschwörung"

In dem Roman „Die Catilina-Verschwörung" von John M. Roberts geht es um die Ereignisse im Jahre 63 v. Chr. in Rom. Als zwei Morde geschehen und ein Waffenlager entdeckt wird, glaubt der Erzähler Caecilius Metellus in ihnen Anzeichen für eine Verschwörung zu erkennen und geht den Indizien weiter nach. Auf einer Abendgesellschaft trifft er Sempronia:

Ich entdeckte jedoch etwas, das mich interessierte. Die schöne Sempronia war anwesend. Sie war eine jener berüchtigten Frauen, die ich bereits erwähnt habe. Will sagen, sie war gebildet, freimütig, unabhängig, intelligent und reich genug, sich all das leisten zu können. Sie hatte bereits ein vorgerücktes Alter erreicht, war aber immer noch eine der Schönheiten Roms, die ein feingeschnittenes, aristokratisches Gesicht mit jenem arroganten Gehabe verband, das die Römer so bewundern. Ihr Mann Decimus Junius Brutus war ein Arbeitstier, das kein Interesse an seiner Frau entwickelte; die beiden lebten seit Jahren getrennt. Außerdem verstand sie sich bestens mit Roms verruchtesten und ausschweifendsten Kreisen, die sie für einen weit anregenderen Umgang hielt als die ehrbaren Freunde ihres Mannes.

„Decius", sagte sie, als ich auf sie zukam, „wie schön, dich wiederzusehen." Sie hielt mir eine Wange hin, die ich küsste, überrascht, keine Spur von Schminke zu erkennen. Sie streckte ihre Arme aus und packte mich an den Schultern. „Du bist ja noch attraktiver geworden als letzte Woche, obwohl ich so was nicht sagen sollte, wo ich doch einen Sohn fast deines Alters habe."

„Bitte", sagte ich, ihre Hand ergreifend, „sag es, so oft du willst. Und was unsern Altersunterschied angeht, übertreibst du maßlos, denn der junge Decimus kann sicherlich noch keinen Tag älter als sieben Jahre sein."

Sie lachte ihr wundervolles Lachen. „Wie nett von dir, das zu sagen." Mit der Fingerspitze fuhr sie an der gezackten Narbe entlang, die mein Gesicht verziert. „Du hast mir nie erzählt, wie du an die gekommen bist. Die meisten Männer prahlen immer mit ihren Narben." „Ein spanischer Speer", sagte ich. „Das war, als ich während des Sertorius-Aufstands unter Metellus Pius gedient habe. Ich prahle nicht damit, weil ich sie mir auf ziemlich dumme Weise zugezogen habe. Es ist mir bis heute peinlich."

„Es ist angenehm, einen Römer zu treffen, der diese Art von Verstümmelung nicht für eine prima Idee hält." Sie ließ ihren Blick durch den Raum wandern. „Ist es nicht eine reizende Gesellschaft?"

„Nachdem ich meinen Tag mit dem Staatsschatz verbracht habe, würde ich selbst eine Zusammenkunft von Schustern als einladend empfinden." Ich versuchte, ein wenig trotzig zu klingen, etwas, das mir nicht leicht fällt.

„Oh, diese Arbeit liegt dir nicht, Decius?" fragte sie besorgt. Ich zuckte die Schultern. „Jeder weiß, dass es der Posten ist, den man Quaestoren gibt, denen es höheren Orts an Einfluss mangelt."

Sie zog die Augenbrauen hoch. „Bei *deiner* Familie?"

„Das ist ja das Problem. Es gibt einfach so viele von uns, dass ein weiterer Metellus an der untersten Sprosse der politischen Karriereleiter kaum ein Schulterklopfen wert ist. Wenn du die Wahrheit wissen willst, die alten Männer unserer Familie denken, die hohen Ämter stünden allein ihnen zu, und ein junger, ehrgeiziger Verwandter, der sie herausfordert, passt ihnen da gar nicht in den Kram."

Sie warf mir einen kurzen, berechnenden Blick zu und nahm dann, um ihn zu kaschieren, einen Becher vom Tablett eines vorbeikommenden Dieners. „Und du hast dich bei der Erfüllung deiner Pflichten verschuldet?"

„Bis über beide Ohren", erklärte ich ihr. „Die Pflasterung der Passstraßen ist nicht billig, wie ich erfahren musste. Ich bin nicht mal sicher, ob ich es mir bei all den Kosten leisten kann, als Aedil zu kandidieren."

„Aber man hat dir doch sicher", sagte sie, „nach Ablauf deiner Amtszeit einen Posten angeboten, der für einen intelligenten Mann aus guter Familie gewisse Möglichkeiten bereithält? Viele Proquaestoren oder Legaten kommen wohlhabend nach Hause und sind sehr wohl in der Lage, sich um höhere Ämter zu bewerben, selbst wenn sie nicht von Geburt an reich sind." Sie beobachtete mich genau.

„Das hatte ich auch gehofft, aber bis jetzt habe ich noch kein Angebot bekommen, und es wird Jahre dauern, bis es wieder mal einen profitablen Krieg gibt. Pompeius' Freunde haben alle lukrativen Posten besetzt." Ich hatte das Gefühl, möglicherweise zu dick aufzutragen, und wechselte das Thema. „Aber wer weiß? Vielleicht ergibt sich ja noch was. Aber erzähl mir, Sempronia, wer heute außer den üblichen Müßiggängern sonst noch so da ist."

John Maddox Roberts: Die Catilina-Verschwörung, Goldmann Verlag: München 1993, S. 66–68.

8.2 Paulina

Text 8.2 Tacitus: Annales XV 63,1–64,2

Als der Kaiser Nero die Pisonische Verschwörung aufdeckte und ein Beteiligter Seneca denunzierte, sandte Nero Soldaten in Senecas Haus und zwang ihn zum Selbstmord. Da Seneca kein Testament mehr verfassen durfte, wandte er sich an seine zufällig anwesenden Freunde und seine Frau:

63 (1) Ubi haec atque talia velut in commune disseruit, complectitur uxorem, et paululum adversus praesentem fortitudinem mollitus rogat oratque: temperaret dolori, ne aeternum susciperet, sed in contemplatione vitae per virtutem actae desiderium mariti solaciis honestis toleraret. Illa contra sibi quoque destinatam mortem adseverat manumque percussoris exposcit.

(2) Tum Seneca[1] gloriae eius non adversus, simul amore, ne sibi unice dilectam ad iniurias relinqueret, „vitae", inquit „delenimenta monstraveram tibi, tu mortis decus mavis: non invidebo exemplo. Sit huius tam fortis exitus constantia penes utrosque par, claritudinis plus in tuo fine." Post quae eodem ictu bracchia ferro exsolvunt. Seneca, quoniam senile corpus et parco victu tenuatum lenta effugia sanguini praebebat, crurum quoque et poplitum venas abrumpit; saevisque cruciatibus defessus, ne dolore suo animum uxoris infringeret atque ipse visendo eius tormenta ad inpatientiam delaberetur, suadet in aliud cubiculum

in commune	für die Öffentlichkeit
complecti, complector, complexus sum	umarmen
paululum	ein wenig
mollire, mollio, mollivi, mollitus	weich machen, mildern
dolori temperare	den Schmerz zügeln, mäßigen
aeternus, -a, -um	ewig
suscipere, -cipio, -cepi, -ceptus	auf sich nehmen
contemplatio, -onis, *f.*	Betrachtung
vitam agere	das Leben verbringen, leben
solacium, -i, *n.*	Trost, Trostmittel
honestus, -a, -um	würdig, schicklich
destinare, destino, destinavi, destinatus	bestimmen, festsetzen
adseverare, -severo, -severavi, -severatus	versichern, ernstlich behaupten
percussor, -oris, *m.*	Mörder, *hier:* der, der die Adern öffnet
exposcere, -posco, -poposci	fordern, verlangen
amor	*hier:* Sorge
unice	einzig
diligere, diligo, dilexi, dilectus	lieben
delenimentum, -i, *n.*	Linderungsmittel
penes + *Akk.*	bei
ictus, -us, *m.*	Schnitt
bracchia exsolvere	die Adern an den Armen öffnen
parco victu tenuatus	durch die geringe Nahrungsaufnahme geschwächt
lentus, -a, -um	langsam
effugia praebere + *Dat.*	etw. abfließen lassen
crus, cruris, *n.*	Unterschenkel, Bein
poples, -itis, *m.*	Knie
abrumpere, -rumpo, -rupi, -ruptus	durchschneiden, öffnen
saevus, -a, -um	rasend, schrecklich
cruciatus, -us, *m.*	Marter, Qual
infringere, -fringo, -fregi, -fractus	brechen, entkräften
inpatientia, -ae, *f.*	Schwäche
delabi, delabor, delapsus sum	herabfallen, verfallen
cubiculum, -i, *n.*	Zimmer

abscedere. […]

64 (1) At Nero[2], nullo in Paulinam proprio odio, ac ne glisceret invidia crudelitatis, iubet inhiberi mortem. hortantibus militibus servi libertique obligant bracchia, premunt sanguinem, incertum an ignarae.

(2) Nam, ut est vulgus ad deteriora promptum, non defuere qui crederent, donec inplacabilem Neronem timuerit, famam sociatae cum marito mortis petivisse, deinde oblata mitiore spe blandimentis vitae evictam; cui addidit paucos postea annos, laudabili in maritum memoria et ore ac membris in eum pallorem albentibus, ut ostentui esset multum vitalis spiritus egestum.

Arbeitsaufträge

1. Teilen Sie den Text in Abschnitte ein und begründen Sie Ihre Einteilung!
2. Verfassen Sie einen Zeitungsartikel zum Tod Senecas!
3. Arbeiten Sie die Reaktion Neros und des Volkes auf Paulinas Selbsttötungsversuch heraus! Welche Stellung zu diesen Positionen nimmt Tacitus ein?

gliscere, glisco	zunehmen, überhand nehmen
inhibere, inhibeo, inhibui, inhibitus	aufhalten, hindern
obligare, obligo, obligavi, obligatus	verbinden
sanguinem premere	die Blutung stillen
ignarus, -a, -um	unwissend *(= Paulina)*
ad deteriora promptus	zu Schlechterem bereit, bereit, Schlechteres zu glauben
defuere	= defuerunt
inplacabilis, -is, -e	unversöhnlich
offerre, offero, obtuli, oblatus	zeigen, darbieten
mitis, -is, -e	mild, sanft
blandimentum, -i, *n.*	Annehmlichkeit, Verlockung
in eum pallorem albere	bis zu dieser Blässe weiß sein, so blass sein
ostentui est	es ist ein Zeichen
vitalis, -is, -e	Lebens-
spiritus, -us, *m.*	Schwung, Kraft
egerere, egero, egessi, egestus	von sich geben, verlieren

Anmerkungen

1 *Lucius Annaeus Seneca* (4 v. Chr. – 65 n. Chr): stoischer Philosoph, Redner und Politiker. Zunächst Erzieher Neros, fiel er später bei diesem in Ungnade. Er galt als Mitwisser in der Pisonischen Verschwörung gegen Nero und wurde deswegen zum Selbstmord gezwungen.
2 *L. Domitius Ahenobarbus Nero Claudius Caesar Augustus Germanicus:* römischer Kaiser 54 – 68 n. Chr.

8.3 Agrippina maior

Text 8.3 Tacitus: Annales I,69,1–4

In den Jahren 14–16 n. Chr. unternahm Germanicus, Großneffe des Kaisers Augustus und Neffe und Adoptivsohn des Tiberius, mehrere Feldzüge gegen die Germanen. Auf seinem Rückzug aus Germanien erlitt er große Verluste, von denen man auch in den Legionen am Rhein hörte:

(1) Pervaserat interim circumventi exercitus fama et infesto Germanorum agmine Gallias peti, ac ni Agrippina[1] inpositum Rheno pontem solvi prohibuisset, erant qui id flagitium formidine auderent. Sed femina ingens animi munia ducis per eos dies induit militibusque, ut quis inops aut saucius, vestem et fomenta dilargita est.

(2) Tradit C. Plinius, Germanicorum bellorum scriptor, stetisse apud principium pontis, laudes et grates reversis legionibus habentem.

(3) Id Tiberii[2] animum altius penetravit: non enim simplices eas curas, nec adversus externos studia militum quaeri.

(4) Nihil relictum imperatoribus, ubi femina manipulos intervisat, signa adeat, largitionem temptet, tamquam parum ambitiose filium ducis gregali habitu circumferat Caesaremque Caligulam[3] appellari velit. Potiorem iam apud exercitus Agrippinam quam legatos, quam duces; conpressam a muliere seditionem, cui nomen principis obsistere non quiverit.

pervadere, -vado, -vasi, -vasus	sich verbreiten
circumvenire, -venio, -veni, -ventus	bedrängen, umzingeln
infestus, -a, -um	feindlich
ni	= nisi
inponere, -pono, -posui, -positus	aufstellen, bauen
solvere, solvo, solvi, solutus	*hier:* abreißen
formido, -inis, *f.*	Furcht, Angst
ingens animi	willensstark
munia, -ium, *n.*	Pflichten
induere, induo, indui, indutus	übernehmen
ut	*hier:* je nachdem, ob
inops	arm, mittellos
saucius, -a, -um	verwundet
fomentum, -i, *n.*	wärmende Hülle, Verbandszeug
dilargiri, -largior, -largitus sum	reichlich verschenken
laudes habere	loben
grates habere	danken
penetrare, penetro, penetravi, penetratus	eindringen, durchdringen, treffen
simplex	*hier:* aufrichtig
cura, -ae, *f.*	Bemühung
externus, -i, *m.*	Fremder
studium, -i, *n.*	Zuneigung, Ergebenheit
relinquere, relinquo, reliqui, relictus	übrig bleiben
manipulus, -i, *m.*	der Manipel *(ein Drittel einer Kohorte)*
intervisare, -viso, -visi	von Zeit zu Zeit besuchen
adire, -eo, -ii, -itus	etw. übernehmen
largitio, -onis, *f.*	Zuwendung, Spende
temptare, tempto, temptavi, temptatus	versuchen
tamquam	sowie, gleich als ob
parum	nicht genug
gregalis habitus	Uniform
conprimere, -primo, -pressi, -pressus	zurückhalten, niederschlagen
obsistere, -sisto, -stiti	Widerstand leisten, Einhalt gebieten
quire, queo, quivi, quitus	können

Anmerkungen

1 *Vipsania Agrippina maior:* 14 v. Chr. geboren, verheiratet mit Germanicus, dem sie neun Kinder gebar; in den Jahren 14–16 n. Chr. begleitete sie Germanicus nach Germanien und hielt sich mit ihm im Lager auf. 29 n. Chr. wurde sie aus Rom verbannt und beging Selbstmord.
2 *Tiberius Iulius Caesar Augustus:* römischer Kaiser 14–37 n. Chr.; er war mit Agrippina verfeindet.
3 *Caligula* (= Soldatenstiefelchen): Gaius Iulius Caesar Germanicus, Sohn des Germanicus und der Agrippina. Er wurde 12 n. Chr. geboren und verbrachte seine Kindheit in den Feldlagern in Germanien; 37 n. Chr. wurde er als Nachfolger des Tiberius Kaiser. Durch eine Krankheit sechs Monate nach seiner Thronbesteigung, im Herbst 37 n. Chr., veränderte sich sein Charakter und er herrschte von da an willkürlich und brutal. 41 n. Chr. wurde er getötet.

Arbeitsaufträge

1. Entwerfen Sie ein Tafelbild zur Darstellung Agrippinas durch Tacitus und der Interpretation ihres Verhaltens durch Tiberius!
2. Erklären Sie die Wirkung von Agrippinas Verhalten auf Tiberius!

Büste der Agrippina maior, Rom, Museo Capitolino.

Lernvokabular

1 Wortfelder

M 35 Wortfeld „Frau“

anus, -us, f. alte Frau, Greisin, verheiratet oder ledig, geachtet oder verachtet; mhd. bezeichnete *an[e]*/ahd. *ano* wie unser Begriff „Ahn“ einen Vorfahren.

concubina, -ae, f. von *concumbere:* Beischläferin; in der Regel die Frau, die mit einem Unverheirateten zusammenlebte, da eine Ehe nach den Gesetzen nicht möglich war, z. B. eine Freigelassene oder die Frau bei Sklaven; diese Bezeichnung steht im Gegensatz zu *paelex, -icis,* f. (eine Frau, die ehebrecherischen Umgang mit einem Verheirateten hat.).

coniunx, -iugis, f. von *coniungere:* „die Verbundene“, Ehefrau, Gattin, Braut; der weibliche Teil eines Ehepaars ohne Differenzierung zwischen der Stellung des Mannes und der Frau.

domina, -ae, f. die Hausfrau, Gebieterin, Hausherrin.

femina, -ae, f. von griech. theméne (die Säugende): jedes Geschöpf weiblichen Geschlechts im Gegensatz zu *mas.*

marita, -ae, f. Gattin, oft in Inschriften oder in der Poesie verwendet.

matrona, -ae, f. von *mater:* eine ehrbare, unbescholtene, vornehme verheiratete oder verwitwete Frau, Frau vom Stande, auch heute wird die Bezeichnung Matrone für ältere Frauen gebraucht, jedoch in der Umgangssprache oft mit abwertendem Nebensinn.

meretrix, -icis, f. das Freudenmädchen, die Nutte.

mulier, -eris, f. der alte Komparativ von *mollis* (weich, schwach): das schwächere Geschlecht, die Frau als Trägerin weiblicher Charakterzüge im Gegensatz zu *vir*.

puella, -ae, f. Mädchen, junge Frau, Geliebte.

uxor, -oris, f. die dem Manne Anvermählte; rechtmäßige Ehefrau, Gattin.

vetula, -ae, f. Alte, Vettel, wie heute meist verächtlich gebraucht mit den Konnotationen hässlich, nicht liebenswürdig.

vidua, -ae, f. betont das Fehlen eines Mannes: ledige Frau, Witwe.

virgo, -inis, f. Jungfrau, unverheiratete Frau.

M 36 Wortfeld „Mann"

adulescens, -entis, m. der junge, heranwachsende Mann bis zum 30. Lebensjahr, der Mann zwischen *puer* und *iuvenis*.

coniunx, -iugis, m. von *coniungere*: „der Verbundene", Ehemann, Gatte; der männliche Teil eines Ehepaares ohne Differenzierung zwischen der Stellung des Mannes und der Frau.

homo, -inis, m. Mensch, tüchtiger Mann von Ehre.

iuvenis, -is, m. der junge Mann (ungefähr vom 20. bis zum 45. Lebensjahr).

maritus, -i, m. ohne Wertung: Ehemann, Gatte, Freier.

mas, maris, m. jedes Geschöpf männlichen Geschlechts im Gegensatz zu *femina*, der kräftige, mannhafte Mann.

mortalis, -is, m. Sterblicher, Mensch, Mann.

puer, -eri, m. Kind, Knabe (in der Regel bis zum 17. Lebensjahr).

senex, -is, m. der alte, weise Mann, Greis (ungefähr ab dem 60. Lebensjahr; für die Zeit zwischen dem 45. und 60. Lebensjahr benutzte man die Bezeichnung *senior*).

vir, viri, m. unabhängig vom Alter: der reife, erwachsene Mann; der Mann, wie er sein soll, verwandt mit *virtus* (Tugend, Mannhaftigkeit, Tüchtigkeit, Tapferkeit).

M 37 Wortfeld „Ehe"

coniugium, -ii, n. andauernde Verbindung, Vermählung, Ehe.

contubernium, -ii, n. Sklavenehe, wilde Ehe, Konkubinat (eigentliche Bedeutung: Zeltgemeinschaft).

conubium, -ii, n. gesetzmäßige, vollgültige römische Ehe.

matrimonium, -ii, n. die Ehe als Begründung einer Familie, verwandt mit der Vokabel *mater; in matrimonium ducere*: heiraten (vom Bräutigam aus gedacht); *in matrimonium dare*: verheiraten (vom Vater der Frau aus gedacht).

nuptiae, -arum, f. Hochzeit, Ehe, Vermählung; *nubere* + Dat.: sich für jemanden mit einem Schleier verhüllen, heiraten (von der Frau aus gedacht).

Arbeitsauftrag

Arbeiten Sie anhand einzelner ausgewählter lateinischer Begriffe aus den Wortfeldern „Frau" (M 35), „Mann" (M 36) und „Ehe" (M 37) und mithilfe von Wörterbüchern heraus, welche Rollenbilder sie beinhalten!

2 „Kleine“ Wörter

adeo	so sehr, so lange, zumal
adhuc	bisher, bis jetzt
aliquando	irgendwann (einmal), einst
ac/atque	und, und sogar
cottidie	täglich, Tag für Tag
dehinc	hierauf, dann, von hier aus
deinde	dann, darauf, von da an
denique	endlich, schließlich
diu	lange, lange Zeit
donec	solange bis, während
dum	während, wenn
enim	denn, nämlich
ergo	also, folglich
etiam	auch, sogar
gratia + *Gen.*	wegen, um … willen
ibi	dort
id est	d. h.
immo	vielmehr, im Gegenteil
inde	von da an, deshalb
interim	unterdessen, einstweilen
ita	so
itaque	deshalb, demnach
item	ebenso
merito	verdientermaßen, mit Recht
nam	denn, nämlich
ne … quidem	nicht einmal

nec/neque	und nicht, auch nicht
nihil	nichts
nisi	wenn nicht, außer
non	nicht
nondum	noch nicht, nicht einmal
numquam	niemals
nunc	nun, jetzt
olim	einst
paene	beinahe
partim … partim	teils … teils
parum	ein wenig
paulatim	allmählich
persaepe	sehr oft
plus	mehr
praesertim	besonders
postea	später
praeterea	außerdem
quasi	gleichsam
quia/quod	weil
quidem	freilich, gewiss, sicher
quomodo	wie
quoniam	da ja, weil
quondam	einmal, einst
quoque *(nachgestellt)*	auch
quotannis	alljährlich, jedes Jahr
scilicet	freilich, wohlgemerkt
sed	aber, sondern
semel	einmal

semper	immer
sic	so
simul	zugleich
sponte	von selbst
statim	sofort
subito	plötzlich
talis … qualis	so beschaffen … wie (beschaffen)
tam	so
tamen	dennoch, trotzdem
tamquam	so wie
tandem	endlich, schließlich
tantum	nur
tantum … quantum	so viel … wie (viel)
totiens … quotiens	so oft … wie (oft)
tum	dann, da, darauf, damals
ubique	überall
velut	wie, zum Beispiel
vero	aber, in der Tat, freilich

Literaturempfehlungen

Ludwig Bieler: *Geschichte der römischen Literatur,* de Gruyter: Berlin [4]1980.

Karl Büchner: *Römische Literaturgeschichte. Ihre Grundzüge in interpretierender Darstellung.* Alfred Kröner Verlag: Stuttgart [5]1980.

Der kleine Pauly. *Lexikon der Antike.* 5 Bände, hrsg. von Konrat Ziegler und Walther Sontheimer, Deutscher Taschenbuch Verlag: München 1979.

Lexikon der Alten Welt. 3 Bände, hrsg. von Carl Andresen, Hartmut Erbse u. a., Artemis Verlag: Zürich / München 1990. Unveränderter Nachdruck der einbändigen Originalausgabe von 1965.

Gerhard Metzger: *Lateinische Literaturgeschichte,* Stark Verlag: Freising 2001.

Karl-Wilhelm Weeber: *Alltag im Alten Rom – Ein Lexikon,* Artemis-Verlag: Zürich 1995.

(Bitte blättern Sie um)